1889

LAURENTINO GOMES

1889

Como um imperador cansado, um marechal vaidoso e um professor injustiçado contribuíram para o fim da Monarquia e a Proclamação da República no Brasil

Edição juvenil ilustrada

ILUSTRAÇÕES:
RITA BROMBERG BRUGGER

GLOBOLIVROS

Copyright © 2014 by Editora Globo S. A. para a presente edição
Copyright © 2014 by Laurentino Gomes

Todos os direitos reservados. Nenhuma parte desta edição pode ser utilizada ou reproduzida — em qualquer meio ou forma, seja mecânico ou eletrônico, fotocópia, gravação etc. — nem apropriada ou estocada em sistema de banco de dados, sem a expressa autorização da editora.

Texto fixado conforme as regras do Novo Acordo Ortográfico da Língua Portuguesa (Decreto Legislativo nº 54, de 1995).

Editora responsável: Aida Veiga
Editora assistente: Elisa Martins
Adaptação de texto: Luiz Antonio Aguiar
Preparação de texto: Ana Tereza Clemente
Revisão: Araci dos Reis Galvão de França e Carmen T. S. Costa
Projeto gráfico e diagramação: Crayon Editorial
Capa: Alexandre Ferreira e Thaís dos Anjos

1ª edição, 2014
2ª reimpressão, 2017

CIP-BRASIL. CATALOGAÇÃO NA PUBLICAÇÃO
SINDICATO NACIONAL DOS EDITORES DE LIVROS, RJ

G612m

Gomes, Laurentino, 1956-
1889 : como um imperador cansado, um marechal vaidoso e um professor injustiçado contribuíram para o fim da Monarquia e a Proclamação da República no Brasil/ Laurentino Gomes ; ilustrações Rita Bromberg Brugger. - 1. ed. - São Paulo : Globo Livros, 2014.
il.

Edição juvenil ilustrada
ISBN 978-85-250-5635-1

1. Brasil - História - Proclamação da República, 1889. 2. Brasil - História - 1822-1889. 3. Literatura infantojuvenil brasileira. I. Título. II. Título: Mil oitocentos e oitenta e nove.

14-09257   CDD: 981.04
                                CDU: 94(81).071

Editora Globo S. A.
Av. Nove de Julho, 5229 — 01407-907 — São Paulo — SP
www.globolivros.com.br

Para Carmen, cujo sorriso iluminou esta jornada.

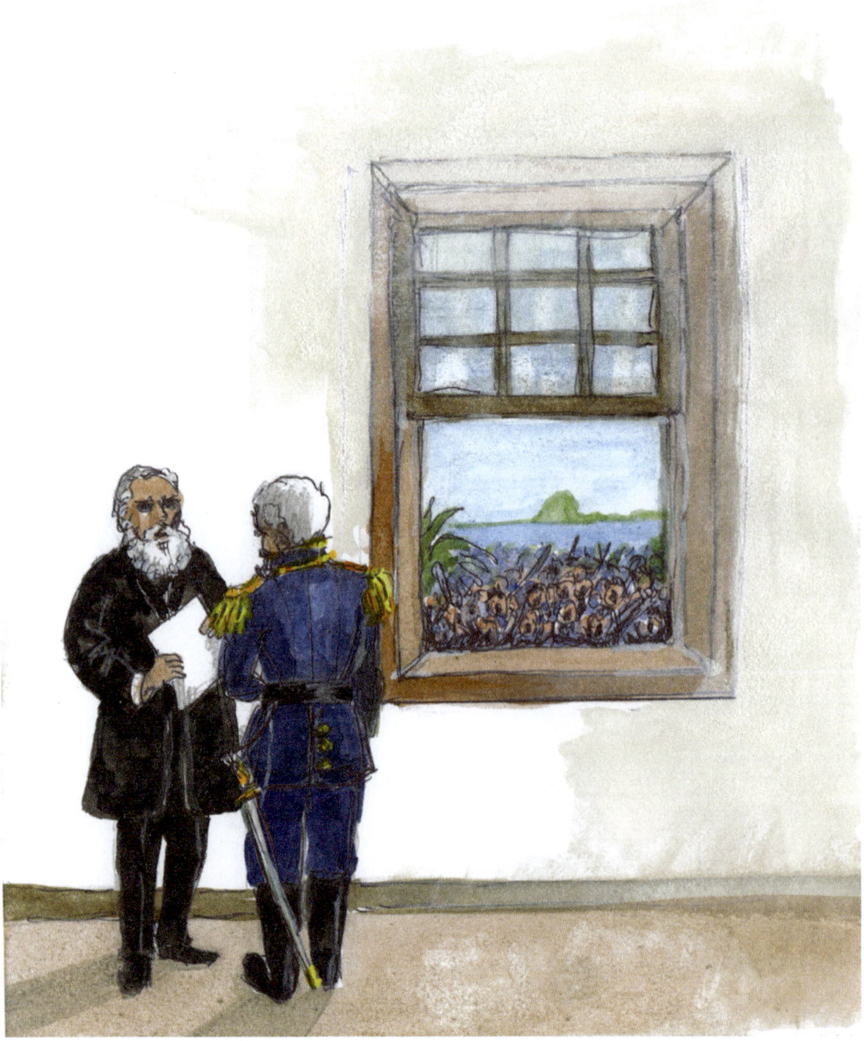

Sumário

Linha do tempo 11

Ao leitor 15

PRÓLOGO
A PROCLAMAÇÃO QUE NÃO ACONTECEU 19

CAPÍTULO 1
MAL-AMADA REPÚBLICA 27

CAPÍTULO 2
O PRÍNCIPE E O ASTRONAUTA 31

CAPÍTULO 3
O GOLPE 37

CAPÍTULO 4
O IMPÉRIO TROPICAL 55

CAPÍTULO 5
A MIRAGEM 71

CAPÍTULO 6
DOM PEDRO II 80

CAPÍTULO 7
O SÉCULO DAS LUZES 91

CAPÍTULO 8
OS REPUBLICANOS 105

CAPÍTULO 9
A MOCIDADE MILITAR 114

CAPÍTULO 10
A CHAMA NOS QUARTÉIS 119

CAPÍTULO 11
O MARECHAL 129

CAPÍTULO 12
O PROFESSOR 136

CAPÍTULO 13
OS ABOLICIONISTAS 143

CAPÍTULO 14
A REDENTORA 153

CAPÍTULO 15
O IMPERADOR CANSADO 162

CAPÍTULO 16
O BAILE 165

CAPÍTULO 17
A QUEDA 175

CAPÍTULO 18
O ADEUS 183

CAPÍTULO 19
OS BESTIALIZADOS. 193

CAPÍTULO 20
ORDEM E PROGRESSO 200

CAPÍTULO 21
O DIFÍCIL COMEÇO. 207

CAPÍTULO 22
O CABOCLO DO NORTE 212

CAPÍTULO 23
PAIXÃO E MORTE 219

CAPÍTULO 24
O DESAFIO 228

Agradecimentos. 237

Fim de século revolucionário

ALGUNS ACONTECIMENTOS, IDEIAS E invenções que marcaram o Brasil e o mundo na época da Proclamação da República.

1869   Tropas da Tríplice Aliança ocupam Assunção, capital do Paraguai.

1870   Estreia em Milão a ópera *O guarani*, do brasileiro Carlos Gomes.
O francês Júlio Verne publica *Vinte mil léguas submarinas*.
Queda de Napoleão III e proclamação da Terceira República Francesa.
Unificação da Itália.
Publicado no Rio de Janeiro o *Manifesto Republicano*.

1871   A expectativa de vida na Inglaterra atinge 41 anos.
Lei do Ventre Livre liberta filhos escravos nascidos a partir dessa data.

1872   Censo revela que o Brasil tem 8.419.672 habitantes livres e 1.510.806 escravos.

1873   Na Convenção de Itu, fazendeiros paulistas lançam manifesto em favor da República.

1874   Americanos começam a usar o arame farpado em suas fazendas.
Bispo de Olinda é preso devido à Questão Religiosa, conflito entre o Império e a Igreja.

Inaugurada em Paris a primeira exibição de pintores impressionistas.

1876 A Sétima Cavalaria do general George Custer é trucidada pelos índios americanos.

1877 Seca no Ceará mata 200 mil pessoas, um quarto da população da província.
Thomas Edison inventa o fonógrafo.

1879 Thomas Edison desenvolve a lâmpada elétrica.
Nasce o alemão Albert Einstein, futuro pai da Teoria da Relatividade.

1880 Criadas a Sociedade Brasileira contra a Escravidão e a Associação Central Emancipadora.
Invenção do papel higiênico, na Inglaterra.

1881 Machado de Assis publica *Memórias póstumas de Brás Cubas*.
Maria Augusta Generoso Estrela, primeira médica brasileira, forma-se em Nova York.
O czar Alexandre II é assassinado por radicais russos.
James Garfield, presidente dos Estados Unidos, é morto em atentado.

1882 Morre Charles Darwin, pai da Teoria da Evolução das Espécies.
Inaugurada nos Estados Unidos a primeira usina hidrelétrica.
O alemão Robert Koch descobre a bactéria causadora da tuberculose.

1883 Morre Karl Marx, autor do *Manifesto Comunista* de 1848.
Inaugurada a ponte do Brooklin, em Nova York.
O americano Lewis Waterman inventa a caneta-tinteiro.

1884 Construído em Chicago o primeiro arranha-céu do mundo.
O americano Hiram Maxim inventa a metralhadora.

1885 A Lei dos Sexagenários liberta os escravos com mais de sessenta anos.
Morre em Paris o escritor Victor Hugo, autor de *Os miseráveis*.
O alemão Karl Benz inventa o motor a combustão interna.

1886 Começa a Questão Militar, que levaria à queda da monarquia no Brasil.

Inaugurada em Nova York a Estátua da Liberdade.

O farmacêutico John Pemberton inventa a coca-cola.

Josephine Cochrane, dona de casa americana, patenteia a máquina de lavar roupa.

1887 Inundação no rio Amarelo mata 900 mil chineses.

1888 O americano George Eastman lança a câmera fotográfica Kodak.

Cinco prostitutas são mortas em Londres por Jack, o Estripador.

A princesa Isabel assina a Lei Áurea, pondo fim à escravidão no Brasil.

1889 Nascem o austríaco Adolf Hitler, futuro chanceler alemão, e o inglês Charles Chaplin, futuro astro do cinema.

Golpe liderado por Deodoro da Fonseca derruba a monarquia.

O imperador Pedro II segue para o exílio na Europa.

Inaugurada em Paris a Torre Eiffel.

1890 Convocada a Assembleia Constituinte, que faria a nova Constituição republicana.

O pintor Vincent van Gogh comete suicídio na França.

Metrô de Londres começa a usar trens movidos a eletricidade.

Rudolf Diesel patenteia o motor que leva seu nome.

1891 Deodoro da Fonseca é eleito o primeiro presidente da República.

Morre Benjamin Constant.

Deodoro fecha o Congresso e renuncia. Assume Floriano Peixoto.

O imperador Pedro II morre em Paris, aos 66 anos.

1892 Deodoro da Fonseca morre no Rio de Janeiro, aos 65 anos.

O americano W. L. Judson inventa o zíper.

1893 Início da Revolução Federalista no Rio Grande do Sul.

Começa a Revolta da Armada contra Floriano Peixoto.
Nova Zelândia reconhece o direito de voto às mulheres.

1894 Charles Miller traz o futebol da Inglaterra para o Brasil.
Termina a Revolta da Armada.
Toma posse o primeiro presidente civil, Prudente de Morais.

1895 Em Paris, os irmãos Lumière inventam o cinema.
O alemão Wilhelm Röntgen descobre o raio X.
O austríaco Sigmund Freud cria uma nova ciência, a psicanálise.
Termina a Revolução Federalista.
Floriano Peixoto morre aos 56 anos.

1896 Começa no sertão da Bahia a Guerra de Canudos.

1897 Prudente de Morais sobrevive a um atentado no Rio de Janeiro.

1898 Os Estados Unidos anexam o Havaí.
O presidente Campos Salles inicia a Política dos Governadores.

Ao leitor...

O MARECHAL DEODORO DA Fonseca proclamou a República na manhã de 15 de novembro de 1889...

É assim que aprendemos.

No entanto, essa história pode não ter acontecido exatamente da maneira que nos contaram.

Há personagens importantes no episódio, que tomaram atitudes duvidosas. Ou mesmo ambíguas. Isso, além de mudanças de lado de última hora. E alguns detalhes muito importantes permanecem até hoje sem explicação...

Para começar, dependendo de quem conta, vencedores ou vencidos, muda muito a interpretação do significado da Proclamação da República na história brasileira. Os vencedores alegam que a República sempre foi uma aspiração nacional. Que suas ideias estariam presentes em importantes momentos anteriores, como a Inconfidência Mineira. E que, portanto, a Monarquia teria sido um mero momento de transição, provisório, entre a Independência e o Quinze de Novembro. Já os derrotados defendem que, na época da Independência, o país, sem a Monarquia, teria fatalmente se dividido em três ou quatro nações independentes, como aconteceu no restante da América Latina. Segundo eles, a Monarquia tinha raízes culturais e históricas mais profundas que a República na nacionalidade brasileira e teria enfrentado os desafios do futuro, caso não tivesse sido abortada por uma traiçoeira quartelada na manhã de 15 de novembro de 1889.

O caso é que ambas as visões têm falhas. Nem a República tinha esse prestígio todo, nem a Monarquia tinha poder ou capacidade para transformar o país. A Proclamação da República foi resultado mais do esgotamento da Monarquia do que do vigor dos ideais e da campanha dos republicanos — que não chegaram a conquistar a população. Durante 67 anos, o Império brasileiro foi uma espécie de gigante de pés de barro. Os salões do Império procuravam imitar o ambiente e os hábitos de Viena, Versalhes e Madri. Mas, enquanto a corte de Petrópolis sonhava que estava na Europa, era cercada de pobreza e ignorância, e o país vivia da mão de obra escrava, com mais de 1 milhão de cativos, considerados propriedade privada, sem direitos de espécie alguma. Enquanto isso, problemas e mais problemas se acumulavam, sem que a Monarquia tomasse qualquer atitude.

Não foi tanto uma questão de acreditar na República, mas de já não apostar na capacidade de a Monarquia se manter no poder. Dom Pedro II demonstrou que estava alheio à gravidade da situação ao declarar, naquele fatídico 15 de novembro: "Conheço os brasileiros, isso não vai dar em nada".

Mesmo sobre o imperador não há consenso. Dom Pedro II era a figura central da Monarquia, e a campanha republicana se esforçou sempre para apontá-lo como algo próximo a um tirano, inimigo do avanço das instituições. Já para os monarquistas, o Quinze de Novembro representou o fim de um sonho que depositava enormes esperanças no imperador, a quem definiam como um homem culto, moderado e que amava o Brasil.

Na outra ponta dessa mesma história está o marechal Deodoro da Fonseca, o proclamador da República. Ocorre que Deodoro relutou muito em promover a mudança de regime. Chegou a declarar-se antirrepublicano e leal ao imperador em mais de uma ocasião.

Assim, decorrido mais de um século dos eventos de 1889, que avaliação se poderia fazer hoje da República brasileira?

Uma República pode ter muitas faces. Dos 193 países que atualmente compõem a Organização das Nações Unidas (ONU), 149 se definem como republicanos, ou seja, 77% do total. Difícil, porém, é a tarefa de estabelecer com clareza o regime que os governa. A Coreia do Norte, por exemplo, é oficialmente chamada de "república democrática popular", embora seja governada por uma dinastia familiar, a dos Kim. O poder hereditário, que passa de uma geração a outra, é uma característica dos regimes monárquicos. A China se autodenomina igualmente uma "república popular", mas é comandada por uma oligarquia de partido único, comunista na teoria e capitalista na prática, com escassa participação popular. A Inglaterra, com seu estável e secular sistema representativo, no qual todo o poder, de fato, emana do povo e em seu nome é exercido, poderia ser considerada hoje uma democracia republicana. Prefere, no entanto, ser chamada de monarquia parlamentarista, na qual a rainha exerce papel meramente figurativo. Brasil, Argentina, Alemanha e Estados Unidos são repúblicas federativas, mas cada qual tem um sistema eleitoral diferente, assim como diferentes instituições e distintos graus de autonomia para os estados e províncias.

O termo República não explica, por si só, o que é um regime republicano. Cada país, cada povo, com suas raízes, história e cultura, crenças, valores e sonhos, dão, na prática, significado a essa palavra e conteúdo a essa forma de Estado.

Durante décadas, o brasileiro resistiu, com certa razão, a se identificar com a sua tortuosa história republicana. Foram tantos golpes militares, ditaduras, intervenções e mudanças bruscas nas instituições que, a não ser por breves períodos, a participação popular foi bastante restringida.

A boa notícia é que essa história talvez esteja finalmente mudando. O Brasil exibe, hoje, ao mundo quase três décadas de exercício continuado de democracia, sem rupturas. Isso nunca havia acontecido antes. É a primeira vez que todos os brasileiros estão sendo, de fato, chamados a participar da construção nacional. Apesar das dificuldades óbvias do presente, as promessas republicanas começam a ser postas em prática na forma de mais educação, mais saúde, mais trabalho e mais oportunidades para todos.

É curioso observar que este momento de transformação coincide também com outro fenômeno inteiramente novo na sociedade brasileira. Hoje, há muito mais gente no país, inclusive entre os jovens, interessada na nossa história, lendo livros e revistas, visitando sites sobre o assunto. Por que isso acontece? Há várias explicações. Uma delas é que estamos olhando nosso passado para podermos entender mais o país de hoje. E é desse jeito que nos preparamos para tornar nosso futuro melhor. E isso é ótimo! O estudo de história é hoje fundamental para a construção do Brasil dos nossos sonhos.

Laurentino Gomes,
Itu, São Paulo, março de 2014

PRÓLOGO
A proclamação que não aconteceu

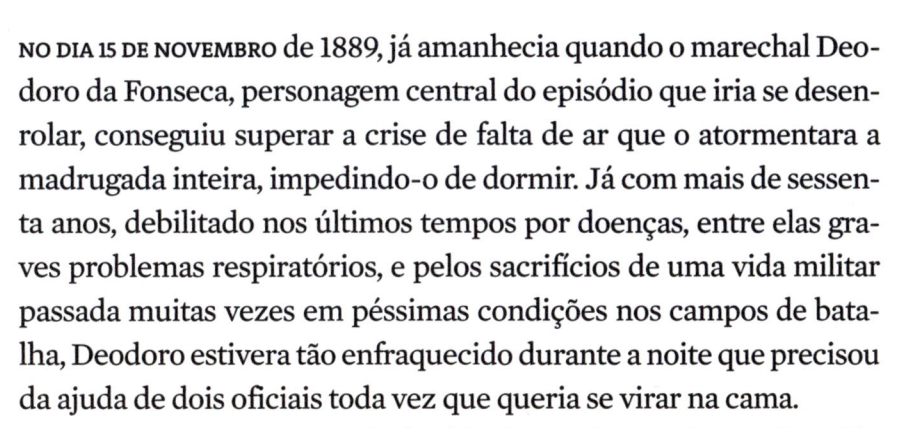

NO DIA 15 DE NOVEMBRO de 1889, já amanhecia quando o marechal Deodoro da Fonseca, personagem central do episódio que iria se desenrolar, conseguiu superar a crise de falta de ar que o atormentara a madrugada inteira, impedindo-o de dormir. Já com mais de sessenta anos, debilitado nos últimos tempos por doenças, entre elas graves problemas respiratórios, e pelos sacrifícios de uma vida militar passada muitas vezes em péssimas condições nos campos de batalha, Deodoro estivera tão enfraquecido durante a noite que precisou da ajuda de dois oficiais toda vez que queria se virar na cama.

No entanto, o marechal sabia de sua importância. Era tido como herói nacional por causa de seus feitos na Guerra do Paraguai e como líder, pelos militares, por suas posições em defesa dos soldados e oficiais, mesmo enfrentando figuras mais altas na hierarquia e no governo. A tropa confiava nele para comandá-la.

Naquele dia, a atitude que o marechal pretendia tomar — aquilo que tinha a intenção de proclamar de fato — é algo que ninguém até hoje decifrou...

Depois de contrariar a oposição da mulher, preocupada com seu estado de saúde, e até mesmo a do médico, Deodoro, fraco e cambaleante, vestiu a farda e ordenou que levassem num saco o seu equipamento de montaria. Seguiu em uma charrete até o Campo de Santana, onde se concentravam as tropas rebeladas. Lá, pediu para seguir montado a cavalo. Os oficiais protestaram, com medo de que o seu comandante não tivesse forças, nem consciência, para se manter sobre o animal.

QUEM GANHOU FOI O CAVALO!

Cauteloso, o alferes Eduardo Barbosa lhe deu o cavalo baio número 6, o mais manso do Primeiro Regimento de Cavalaria.

Por causa disso, o pacato animal seria o primeiro a ser beneficiado pela República brasileira. Logo a seguir, foi aposentado do serviço militar por relevantes serviços prestados à pátria, e passaria o resto de seus dias sem fazer nada, vivendo confortavelmente no estábulo de seu quartel no Rio de Janeiro. Anos mais tarde, ao recordar o episódio enquanto posava para o famoso quadro do pintor Henrique Bernardelli em que aparece montado, de quepe na mão, Deodoro diria:

O marechal Deodoro posa para o retrato do pintor Henrique Bernardelli

— Vejam os senhores, quem lucrou no meio de tudo aquilo foi o cavalo!

Mas, naquela manhã, para surpresa geral, assim que montou no baio número 6, um Deodoro totalmente diferente surgiu diante dos oficiais e soldados. Com voz firme e decidida, começou a disparar ordens e a organizar as tropas. Em nada lembrava o ancião agonizante de momentos antes. Ao comando do marechal, seiscentos homens armados com espadas e fuzis, e dezesseis canhões, postaram-se em frente ao quartel onde estavam reunidos o visconde de Ouro Preto, chefe do Conselho de Estado, e seus ministros.

Enquanto Deodoro cercava o quartel do Exército, dentro do edifício o visconde de Ouro Preto exigia que providências enérgicas e imediatas fossem tomadas.

Ninguém parecia lhe dar ouvidos.

— Essa artilharia pode ser tomada à baioneta — afirmou Ouro Preto, apontando para as armas dos militares rebeldes.

Alguém argumentou que seria impossível. Do modo como estavam colocadas as armas dos inimigos, qualquer ataque seria repelido facilmente a tiros.

— Por que deixaram, então, que se posicionassem dessa maneira? — indignou-se o ministro. — No Paraguai, os nossos soldados apoderavam-se de artilharia em bem piores condições.

A isso, o marechal Floriano Peixoto, que até aquele momento não havia deixado claro de que lado estava, respondeu:

— Sim, mas lá tínhamos pela frente inimigos, e aqui somos todos brasileiros!

Ouvindo isso, Ouro Preto entendeu que estava sozinho. Resistir seria inútil.

Pouco depois das nove horas da manhã, Deodoro aproximou-se do pátio do quartel e determinou que o portão lhe fosse aberto.

— Apresentar armas — ordenou. — Toquem o hino!

Em seguida, mandou que o tenente-coronel João Batista da Silva Teles intimasse o ministério a se render. Ao entrar no salão onde estavam os ministros, Teles foi recebido pelo visconde de Ouro Preto:

— O que querem os senhores? — perguntou o chefe do ministério.

— A brigada quer a retirada do ministério — respondeu o oficial.

Nesse instante, ouviu-se um grande clamor no interior do edifício seguido do som de clarins e salvas de artilharia. Era Deodoro que, sem esperar pela resposta, subia ao salão. Quando sua figura imponente, de barba cerrada e olhos penetrantes, transpôs o umbral da porta, fez-se um profundo silêncio.

Em pé, diante do ministério, Deodoro proferiu um discurso repleto de queixas. Por fim, avisou que todo o ministério estava demitido e que um novo governo seria organizado de acordo com uma lista de nomes que ele próprio levaria ao imperador.

Esse pequeno detalhe indica que, até aquele momento, Deodoro ainda não estava totalmente convencido de proclamar a República. Se estivesse depondo a Monarquia, e não apenas o gabinete chefiado por Ouro Preto, por que levaria uma nova lista de ministros à aprovação do imperador?

E VIVA O IMPERADOR!

O alferes, e mais tarde marechal, Cândido Mariano da Silva Rondon, que estava ao lado de Deodoro naquele momento, contou tê-lo ouvido gritar um viva ao imperador Pedro II, saudação habitual naquela época. Deodoro nunca negou ter dado esse grito, mas a história oficial republicana sempre se esforçou para ocultar o episódio.

A PROCLAMAÇÃO QUE NÃO ACONTECEU

Deodoro diante dos oficiais e soldados: sem vivas à República

De concreto, sabe-se que Deodoro em nenhum momento proclamou nem deu vivas à República. Ao encerrar o improvisado discurso, afirmou que todos os ministros poderiam se retirar para suas casas, com exceção de Ouro Preto e do conselheiro Cândido de Oliveira, ministro da Justiça, que ficariam presos ali até segunda ordem.

Ouro Preto ouviu tudo em silêncio. Quando Deodoro parou de falar, declarou:

— Não é só no campo de batalha que se serve à pátria e por ela se fazem sacrifícios. Estar aqui ouvindo o marechal, neste momento, não é somenos a passar alguns dias e noites num pantanal. Estou ciente do que resolveu a meu respeito. É o vencedor: pode ficar com o que lhe aprouver. Submeto-me à força.

Deodoro virou as costas e desceu as escadas do quartel. Apesar de enfermo e exausto pelos acontecimentos das últimas horas, ainda teve forças para montar e desfilar com a tropa pelo centro da cidade.

O clima entre civis e militares revoltosos era de completa euforia, mas havia um senão: faltava proclamar a República. Deodoro, apesar de ter demonstrado firmeza ao destituir o ministério, ainda não anunciara formalmente a mudança de regime. No quartel-general, na tentativa de forçar uma definição do marechal, Quintino Bocaiúva dera instruções a Sampaio Ferraz, um jovem jornalista e promotor público, para que fizesse um pronunciamento a favor da República diante das tropas. Seguindo as instruções, Ferraz colocou-se diante das grades e gritou:

— Viva a República!

Ao ouvi-lo, Deodoro mandou que se calasse.

— Ainda é cedo — avisou o marechal. — Não convêm, por ora, as aclamações!

Horas mais tarde, quando desfilava ao lado de Deodoro com as tropas na rua do Ouvidor, Benjamin Constant encontrou-

-se com Aníbal Falcão, positivista e chefe republicano de Pernambuco, e alertou:

— Agitem o povo. A República não está proclamada!

Os líderes do movimento foram tomados por uma angustiosa expectativa. O que de fato acontecera naquela manhã? Tudo dependia da atitude que tomaria Deodoro a seguir.

A questão permaneceria em suspense porque, terminado o desfile, Deodoro voltou para a modesta casa em que morava, em frente ao Campo de Santana e a alguns metros do local onde havia destituído o ministério. Exaurido, caiu na cama. Mariana, sua mulher, postou-se na porta do quarto e não permitiu que mais ninguém se aproximasse do marechal.

E não havia quem soubesse dizer se o Brasil, a essa altura, já era uma república ou se permanecia uma monarquia.

..

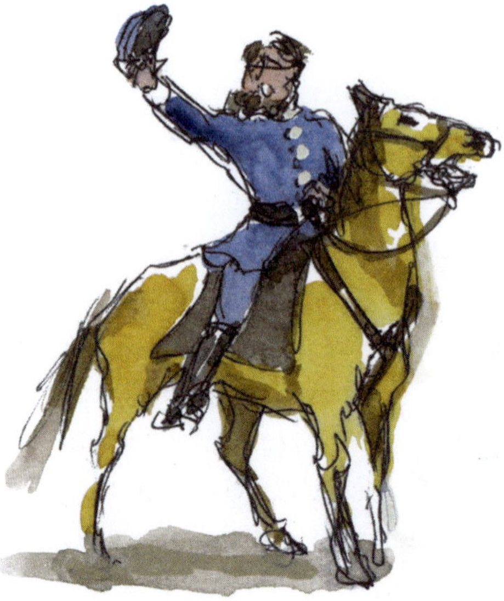

CAPÍTULO 1
Mal-amada república

O QUINZE DE NOVEMBRO é uma data sem prestígio no calendário cívico brasileiro. Ao contrário do Sete de Setembro, Dia da Independência, comemorado em todo o país com desfiles escolares e militares, o feriado da Proclamação da República é uma festa tímida, praticamente ignorada pela maioria das pessoas. Sua popularidade nem de longe se compara à de algumas celebrações regionais, como o Dois de Julho, na Bahia, que comemora a expulsão dos portugueses de Salvador, um episódio com mais significado para os baianos que o Grito do Ipiranga. Alguns desses eventos históricos regionais são desconhecidos pelos demais estados. No entanto, as populações locais identificam-se fortemente com eles.

Isso não ocorre com a data da criação da República brasileira. Personagens republicanos como Benjamin Constant, Quintino Bocaiúva, Rui Barbosa, Deodoro da Fonseca e Floriano Peixoto são nomes de várias praças e ruas em cidades brasileiras. Mas pergunte por aí quem foram esses homens e a resposta demorará a vir. Nas escolas, ensina-se mais sobre o português Pedro Álvares Cabral, descobridor das terras de Santa Cruz, como o Brasil ainda era conhecido em 1500, e Tiradentes, o herói da

Inconfidência Mineira de 1789, do que sobre os criadores da República, episódio bem mais recente, ocorrido há pouco mais de um século. A história republicana — justamente o período em que vivemos — é menos conhecida, menos estudada e ainda menos celebrada que os heróis e eventos do Brasil monárquico e imperial, que cobrem um período relativamente curto, de somente 67 anos.

Tudo isso nos sugere que o Brasil tem uma República mal-amada.

REPÚBLICA DAS PROMESSAS

Algumas das explicações para esse fenômeno de indiferença estão no modo como aconteceu a troca de regime. Frequentemente embalados por *A Marselhesa* — o hino da Revolução Francesa —, os discursos dos propagandistas republicanos estavam repletos de promessas que pareciam distantes para a maioria da população, composta de massas pobres, analfabetas e recém-saídas da escravidão. Anunciava-se o fim da tirania, do poder pessoal do imperador Pedro II. A República traria o fim dos privilégios das elites, herdados da época da colonização portuguesa. Os brasileiros, então com direito de voz e voto, seriam finalmente chamados a participar da condução dos destinos nacionais.

Para que isso se concretizasse, seria preciso que a República nascesse de um movimento com intensa participação popular. Não foi o que se viu. O novo regime surgiu de um golpe militar com escassa e tardia participação das lideranças civis.

Apesar da intensa propaganda republicana por meio de imprensa, panfletos, reuniões e comícios, a ideia da mudança de regime político não atraía a população. Na última eleição parlamentar do Império, realizada em 31 de agosto de 1889, o Partido Republicano elegeu somente dois deputados e nenhum senador.

Os votos recebidos por seus candidatos em todo o país não chegaram a 15% do total apurado. O resultado era pior do que o obtido quatro anos antes, no pleito de 1885, quando foram eleitos para a Câmara três deputados republicanos, entre eles os futuros presidentes da República Prudente de Morais (1894-1898) e Campos Salles (1898-1902).

Sem respaldo nas urnas, os civis encontraram nos militares a força que lhes faltava para a mudança do regime. A República brasileira nasceu descolada das ruas.

A PARADA MILITAR

Outro fator que contribui para a baixa popularidade da Proclamação da República é a maneira como essa história é contada. Pelo relato mais comum, tudo se resumiu a uma *parada militar*. É o que se lê nos livros.

Algo que foi tão traumático em outros países, aqui pareceu muito fácil, sem troca de tiros nem protestos. Mais uma vez, parece se confirmar o mito de que as transformações políticas brasileiras se processam sempre de modo pacífico.

Entretanto, a história não é bem assim. Derrubada a Monarquia, o sonho de liberdade e a ampliação dos direitos rapidamente se dissiparam. Na primeira fase republicana, com os militares no controle do governo, a imprensa foi submetida à censura, o Parlamento foi fechado mais de uma vez, os opositores políticos foram presos e, alguns, deportados para os confins da Amazônia. Em poucos anos, o país estava mergulhado na ditadura sob o comando de Floriano Peixoto, o "Marechal de Ferro".

O sangue que não correu em 1889 foi abundantemente derramado nos dez anos seguintes. O choque entre as expectativas criadas e a realidade do novo regime causou milhares de mortes. A entrega do poder aos civis, com Prudente de Morais e

Campos Salles, respectivamente terceiro e quarto presidentes, não aproximaria o poder das ruas. O que se seguiu foi o período denominado de República Velha, que se estende até 1930. Muito parecida com os últimos anos do Império, a República Velha tinha no comando a mesma aristocracia rural que havia dado as cartas na época da Monarquia. No lugar dos barões do café do vale do Paraíba, entravam os fazendeiros do oeste paulista e de Minas Gerais. Nessa República — também conhecida como "dos Governadores" ou "do Café com Leite" — não havia lugar para o povo, tanto quanto não havia na dos militares, em 1889.

Por tudo isso, não se deve estranhar a falta de prestígio do Quinze de Novembro.

Tanto que esse episódio tão crucial de nossa história é bem representado por alguns de seus momentos pitorescos... O próximo capítulo vai relatar uma história curiosa, ocorrida depois da Proclamação da República, nas últimas semanas daquele ano. Foi no momento em que um príncipe da família imperial viu-se pego de surpresa — como aliás a maior parte do país — pela mudança do regime, enquanto tripulava um navio da Marinha de Guerra nacional do outro lado do planeta. Em consequência, foi subitamente destituído de seus títulos e honrarias e da própria condição de cidadão brasileiro. Ninguém a bordo sabia o que fazer com a ilustre alteza destronada...

CAPÍTULO 2
O príncipe e o astronauta

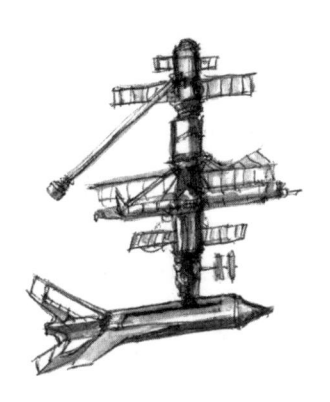

EM 18 DE MAIO de 1991, pouco mais de um século depois da *Proclamação da República*, o astronauta soviético Sergei Krikalev foi lançado ao espaço na base soviética de Baikonur, no Cazaquistão, impulsionado por um foguete Próton. Estava em órbita da Terra a bordo da estação Mir, quando lhe chegou pelo rádio a notícia de que seu país deixara de existir. A União Soviética, uma das mais sólidas nações da história da humanidade ao longo do século xx, implodira sob a pressão da Glasnost, o processo de abertura política desencadeado algum tempo antes pelo líder Mikhail Gorbachev.

Como ninguém tinha certeza de nada sobre como proceder, Krikalev foi obrigado a esticar sua jornada espacial por mais cinco meses, o dobro do tempo previsto inicialmente, até que as novas autoridades decidissem trazê-lo de volta, em 25 de março de 1992. Os 313 dias em que permaneceu largado no espaço, somados aos de outras missões de que participou, o transformaram no ser humano que mais tempo esteve em órbita até hoje, num total de 803 dias, nove horas e 39 minutos.

UM PRÍNCIPE SEM REINO

Situação semelhante viveu Augusto Leopoldo de Saxe-Coburgo Bragança no cruzador *Almirante Barroso*, que partira do Rio de Janeiro em 27 de outubro de 1888, para uma grande aventura marítima. Dom Augusto, como era conhecido, tinha o posto de segundo-tenente da Marinha Imperial e servia na embarcação. Com 22 anos, era uma das figuras mais importantes da hierarquia social brasileira. Filho da princesa Leopoldina, falecida alguns anos antes, e neto do imperador Pedro II, dom Augusto ocupava a quarta colocação na linha sucessória do Império e era herdeiro do trono depois da tia, a princesa Isabel, do primo, Pedro de Alcântara, e do irmão mais velho, Pedro Augusto. Tamanho prestígio fizera dele um tripulante especial do *Almirante Barroso*, objeto de homenagens em todas as escalas feitas pelo navio.

O 15 de novembro mudou tudo isso...

O *Almirante Barroso* tinha como missão completar em menos de dois anos a circum-navegação do globo terrestre, jornada de 36.691 milhas náuticas ou aproximadamente 68 mil quilômetros. Para realizar tão importante e arriscada missão, a Marinha do Brasil escolhera alguns de seus melhores oficiais e marinheiros e uma de suas embarcações de guerra mais modernas. Movido a propulsão

Cruzador Almirante Barroso

mista — a vela e a vapor —, o *Almirante Barroso* pesava 2.050 toneladas, tinha 71 metros de comprimento, levava 340 tripulantes e viajava equipado com seis canhões e dez metralhadoras. Depois de cruzar o temido cabo Horn, no extremo sul do continente americano, o navio brasileiro passara algumas semanas em Valparaíso, no Chile. Em seguida, enfrentara o imenso e ainda relativamente desconhecido oceano Pacífico, com escalas em Sydney, na Austrália; Yokohama e Nagasaki, no Japão; Xangai e Hong Kong, na China; e Achém, na Indonésia. Foram meses de isolamento do restante do mundo, e só em raras ocasiões o *Almirante Barroso* comunicava-se com o Brasil.

Uma semana antes do Natal de 1889, ao atracar em Colombo, capital do Ceilão (atual Sri Lanka), o almirante Custódio José de Mello, comandante do navio, encontrou à sua espera um telegrama com uma notícia extraordinária.

Brasil República... — anunciava a mensagem. — *Bandeira mesma sem coroa...*

Despachado do Rio de Janeiro em 17 de dezembro, o telegrama confirmava os rumores que a tripulação tinha ouvido na escala anterior, na Indonésia. Contava-se que o Império brasileiro, até então visto como a mais sólida, estável e duradoura experiência de governo na América Latina, com 67 anos de história, desabara repentinamente. E que Pedro II, o austero e admirado imperador, tido como um dos homens mais cultos da época, que ocupara o trono por quase meio século, fora obrigado a sair do país com toda a família imperial. Vivia agora exilado na Europa, banido para sempre do solo em que nascera.

Enquanto isso, o comando da nova República estava entregue a um marechal com mais de sessenta anos e bastante doente, o alagoano Manoel Deodoro da Fonseca. À primeira vista, eram informações tão improváveis que, na escala indonésia, Custódio de Mello preferiu ignorá-las e seguir viagem na crença de que o Império brasileiro continuava forte e sólido, como sempre fora. Estava tão seguro disso que, no dia 2 de dezembro, aniversário do imperador Pedro II, ordenou que a bandeira imperial fosse hasteada a bordo e saudada por toda a tripulação, como mandava o regulamento da Marinha e como se nenhuma mudança tivesse ocorrido no Brasil. O telegrama recebido no Ceilão, no entanto, não deixava margem a dúvidas. O país tornara-se, de fato, uma República.

QUE BANDEIRA É ESSA?

Segundo as instruções oficiais enviadas do Rio de Janeiro, a bandeira nacional continuava praticamente a mesma. Mas ninguém sabia exatamente o que colocar no lugar da coroa. O comunicado avisava que o navio só receberia a nova e definitiva bandeira republicana quando chegasse a Nápoles, na Itália, meses mais tarde. Um segundo telegrama dizia que, até lá, o comandante teria de improvisar:

Ice agora mesma (bandeira) nacional, substituindo coroa estrela vermelha.

Na falta de informações mais precisas, o almirante decidiu seguir à risca as instruções telegráficas. Chamou o oficial imediato e ordenou-lhe que desenhasse às pressas uma estrela vermelha, logo costurada sobre a coroa, que até então figurava em diversas bandeiras usadas no navio.

Mas como resolveriam o caso de dom Augusto?

O príncipe se transformara em uma excentricidade a bordo. Como o governo provisório republicano havia banido toda a família imperial do território nacional, dom Augusto estava impedido de continuar a viagem no navio que, como qualquer embarcação, é considerada parte de sua nação de origem.

O príncipe deveria desembarcar imediatamente. Mais que isso, na prática, enquanto cruzava o oceano Pacífico, ele havia perdido não só o posto de oficial e o título de príncipe, mas a própria cidadania brasileira.

Dom Augusto era um oficial exemplar e todos o estimavam no *Almirante Barroso*. Não se sentiram bem de *tocá-lo para fora*, como exigia o alto-comando.

No entanto, assim como o astronauta Krikalev, um século depois, dom Augusto tornara-se um homem sem pátria.

Com a conivência da tripulação, dom Augusto conseguiu comunicar-se por telegrama com o avô, o imperador exilado. Mas, dom Pedro II não soube lhe dar nenhuma orientação mais concreta sobre o que fazer. A resposta foi patriótica, mas sem utilidade prática:

— *Sirva o Brasil, seu avô Pedro.*

Já a mensagem recebida por Custódio de Mello era categórica a respeito das intenções do novo governo provisório republicano.

— *Príncipe peça demissão serviço*, determinava de modo seco a mensagem.

Na manhã seguinte, 18 de dezembro, dom Augusto procurou o comandante para informar que, em vez de renunciar, concordava em pedir licença do serviço militar brasileiro por seis meses. Aliviado, Custódio de Mello telegrafou imediatamente ao novo ministro republicano da Marinha, almirante Eduardo Wandenkolk, comunicando a decisão. Recebeu uma resposta igualmente dúbia, mas suficiente para selar o destino do jovem príncipe:

— *Príncipe peça renúncia cargo, outorgo licença.*

Feitas as contas de quanto deveria receber pelo serviço prestado nos meses anteriores, dom Augusto desembarcou do *Almirante Barroso* no dia 20 de dezembro. Antes foi homenageado pelos demais tripulantes com um último e emocionado jantar nos salões do Hotel Oriental, frequentado pelos estrangeiros que visitavam a capital do Ceilão. Ali, o príncipe distribuiu parte de seus pertences aos colegas de farda. Ao mais pobre, ofereceu um piano, que havia deixado no Palácio Leopoldina, no Rio de Janeiro. A outro, entregou a espada, pedindo, comovido, que a levasse de volta ao Brasil. Por fim, seguiu ao encontro dos familiares na França.

De fato, o Brasil, tal qual a tripulação o conhecera antes da partida do Rio de Janeiro, deixara de existir no final de 1889. No entanto, num aspecto, pelo menos, a sorte do príncipe foi diferente da que coube ao astronauta soviético. Afinal, depois de uma longa espera no espaço, Krikalev conseguiu voltar ao seu país, a Rússia. Dom Augusto morreria na Áustria, 32 anos mais tarde, sem jamais ter pisado novamente em solo brasileiro.

Não somente dom Augusto e a tripulação do *Almirante Barroso*, por estarem fora, tão distantes, do país, se viram surpreendidos pela Proclamação da República. A própria família imperial e principalmente dom Pedro II pareciam alheios à situação. É um dos aspectos que veremos no próximo capítulo, que descreve a sequência de eventos que antecederam a queda do Império.

CAPÍTULO 3
O golpe

POUCO MAIS DE UMA semana antes do 15 de novembro, o ambiente na capital do Império já era tenso. A conjuração fervia por todo lado. Conspirava-se nas residências, nas escolas, nas redações dos jornais, nos salões e nas confeitarias da rua do Ouvidor, nas praças públicas e nos teatros líricos. Conspirava-se principalmente nos quartéis do Exército. Os militares estavam rebelados contra o governo. Tramavam a derrubada à força do ministério liderado pelo mineiro Afonso Celso de Assis Figueiredo, o visconde de Ouro Preto, acusado de ser hostil às Forças Armadas. Uma parte da oficialidade mais jovem queria mais que isso, queria a troca da Monarquia pela República.

Às onze horas da noite de 6 de novembro, um grupo de militares havia se reunido na casa do tenente-coronel Benjamin Constant Botelho de Magalhães, professor de matemática da Escola Militar da Praia Vermelha e diretor do Instituto dos Meninos Cegos. O objetivo era tratar dos preparativos para a revolução. Entre eles estava o alferes Joaquim Inácio Batista Cardoso. Na conversa, todos se manifestaram de acordo com o uso das armas para depor a Monarquia.

Combinou-se que os participantes ficariam encarregados de agitar os ânimos nos quartéis, estocar armamento e munição e traçar em detalhes o golpe a ser desfechado nos dias seguintes. A certa altura, porém, Benjamin Constant mostrou-se preocupado com o destino do imperador Pedro II.

— O que devemos fazer do nosso imperador? — perguntou.

Fez-se um minuto de silêncio, quebrado pelo alferes Joaquim Inácio:

— Exila-se — propôs.

— Mas se resistir? — insistiu Benjamin.

— Fuzila-se! — sentenciou Joaquim Inácio.

Benjamin assustou-se:

— O senhor é sanguinário! Ao contrário, devemos cercá-lo de todas as garantias e considerações, porque é um patrício muito digno.

Por ironia da história, o "sanguinário" Joaquim Inácio Cardoso, então com 29 anos, viria a ser avô de um futuro presidente da República, o calmo Fernando Henrique Cardoso.

O MARECHAL ESTÁ DE CAMA

Até aquele momento, a conspiração havia sido essencialmente militar. Mas, entre os republicanos civis, a agitação também era grande.

Artigos nos jornais assinados, entre outros, pelo advogado baiano Rui Barbosa de Oliveira e pelo jornalista fluminense Quintino Antônio Ferreira de Sousa Bocaiúva pregavam abertamente a República. Auditórios e ruas eram ocupados por concorridas e ruidosas manifestações, promovidas pelo advogado Antônio da Silva Jardim e pelo médico e jornalista José Lopes da Silva Trovão. Alguns incitavam os militares contra o governo imperial, como era o caso dos textos incendiários do gaúcho Júlio Prates de Castilhos no jornal *A Federação*, de Porto Alegre, mas raros eram os civis que tinham conhecimento da movimentação nos quartéis. Somente foram informados disso no começo de novembro, por meio de uma mensagem que Medeiros e Albuquerque levara a São Paulo naquela semana.

Na noite de 11 de novembro, uma segunda-feira, houve uma reunião na casa do marechal Deodoro da Fonseca com a presença de líderes civis e militares. Estavam lá, por exemplo, Francisco Glicério, advogado de Campinas, representando os republicanos paulistas, Aristides Lobo, Quintino Bocaiúva e Rui Barbosa. E também Benjamin Constant, o major Frederico Sólon de Sampaio Ribeiro e dois oficiais da Marinha, o almirante Eduardo Wandenkolk e o capitão de fragata Frederico Guilherme Lorena.

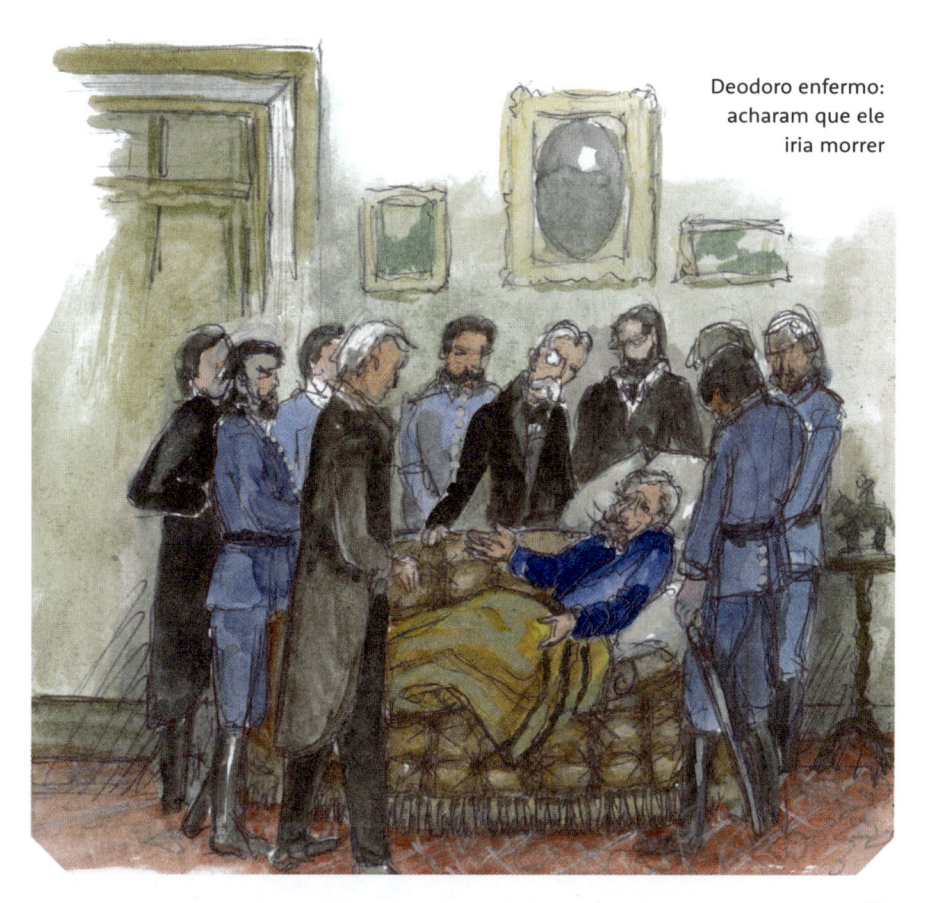

Deodoro enfermo: acharam que ele iria morrer

Aos 62 anos, com a vida marcada por atos heroicos na Guerra do Paraguai e sucessivos desentendimentos com as autoridades imperiais, Deodoro era a grande esperança dos conspiradores republicanos. O problema é que, nessa ocasião, o marechal estava gravemente enfermo. Passava o tempo todo na cama. Temia-se que morresse a qualquer momento. Os visitantes ficaram impressionados com seu aspecto.

Deodoro enfrentava uma crise de dispneia — falta crônica de ar produzida por arteriosclerose. Atirado sobre o sofá, envolto em um roupão, o marechal nem sequer reunia condições para vestir a farda. O peito arfava, e ele mal conseguia falar. O quadro era tão desanimador que houve quem julgasse que Deodoro não sobreviveria mais que algumas horas. E, nesse caso, as chances de sucesso da revolução seriam mínimas.

Para além de estar muito doente, o marechal relutara, até aquele momento, em assumir a liderança do movimento contra o governo imperial. Menos animado ainda estava em relação à hipótese de proclamar a República.

Por essas razões, o encontro, apesar de rápido, foi tenso. Benjamin Constant defendeu que não bastava derrubar o ministério sem trocar o regime. A preservação da Monarquia, segundo ele, serviria somente para agravar os problemas. Era preciso fazer a República. Quando terminou de falar, fez-se um profundo silêncio à espera de uma reação de Deodoro.

Nas semanas anteriores, o marechal optara por não se pronunciar a esse respeito. Mas, dessa vez, para surpresa de todos, mudara de atitude. Depois de recuperar o fôlego, abatido por mais uma crise de dispneia, começou a falar pausadamente:

— Eu queria acompanhar o caixão do imperador, que está velho e a quem respeito muito. — Fez uma pausa, como se lhe faltasse o ar, mas emendou em seguida, de modo categórico: — Benjamin, o velho já não regula, porque, se ele regulasse, não haveria essa perseguição contra o Exército. Portanto, já não há outro remédio, leve a breca a Monarquia! — uma expressão que equivalia ao "que se dane a Monarquia", e acrescentou: — Ele assim o quer, façamos a República. Benjamin e eu cuidaremos da ação militar. O senhor Quintino e os seus amigos organizem o resto.

E fez um gesto de quem lava as mãos. Era o sinal que todos esperavam.

Feita a divisão de tarefas, cada um se dirigiu para sua casa. Até aquele momento não se tinha certeza a respeito da data precisa da revolta. Os conspiradores trabalhavam com duas possibilidades. A primeira, mais provável, seria a tarde de 16 de novembro, um sábado, quando todos os ministros estariam reunidos com o visconde de Ouro Preto. A segunda era 20 de novembro, quarta-feira seguinte. Nesse dia se reuniriam pela primeira vez no Rio de Janeiro os deputados e senadores eleitos em agosto. A abertura da nova sessão legislativa contaria com a presença do imperador Pedro II, de membros da família imperial e de todo o ministério. Em qualquer das hipóteses, os militares cercariam o prédio, prenderiam os ministros, destituiriam o governo e anunciariam a mudança de regime.

No entanto, a Proclamação da República não se daria em nenhuma das duas datas escolhidas.

BOATARIA EM AÇÃO

Tudo parecia se encaminhar para o desfecho combinado, mas o estado de saúde de Deodoro piorava cada vez mais. Na tarde de 14 de novembro, quinta-feira, Glicério e Aristides Lobo andavam pelo largo São Francisco, no centro da cidade, quando viram Benjamin Constant descer de um bonde.

Era um homem desolado:

— Venho da casa de Deodoro — explicou-lhes. — Creio que ele não amanhece, e, se ele morrer, a revolução está gorada. Os

1889

Benjamin Constant desce do
bonde no largo São Francisco: preocupação

senhores são civis, podem salvar-se. Nós, militares, arrostaremos as consequências de nossas responsabilidades.

Nas horas seguintes, os acontecimentos se precipitariam a tal velocidade que fugiam do controle dos revolucionários — e acabariam por tirar Deodoro da cama contra a sua própria vontade.

Enquanto Glicério e Aristides se encontravam com Benjamin, um boato começou a tomar conta do centro do Rio de Janeiro. Dizia-se que o governo havia ordenado a prisão de Deodoro e determinado a transferência de várias unidades militares para outras regiões do país, em uma tentativa de conter os focos de rebelião nos quartéis. Falava-se também que o visconde de Ouro Preto planejava dissolver o Exército para substituí-lo pela Guarda Nacional, supostamente mais fiel à Monarquia.

Os rumores eram plantados propositadamente na rua do Ouvidor — centro nervoso de tudo o que acontecia e repercutia na capital...

Naquela tarde, o major Frederico Sólon de Sampaio Ribeiro, uma das lideranças do golpe em andamento, futuro sogro do escritor Euclides da Cunha, saíra de casa em roupas civis. Vestira calça e paletó marrons, chapéu de feltro preto e usava óculos de aros azuis. Com essas roupas, acreditava que sua ação seria mais bem-sucedida do que se aparecesse na rua do Ouvidor usando a costumeira farda militar.

E, de fato, foi o que aconteceu. O boato que espalhou sobre a repressão do governo contra os militares rapidamente chegou aos quartéis e acelerou a máquina da revolução.

Ao cair da tarde desse mesmo dia 14, o ministro da Guerra, Rufino Enéias Gustavo Galvão, visconde de Maracaju, recebeu do marechal alagoano Floriano Vieira Peixoto um bilhete que tentava transmitir segurança ao seu chefe hierárquico, garantindo a lealdade da tropa ao imperador.

UM ENIGMA CHAMADO FLORIANO

Floriano Peixoto foi uma figura enigmática na história da Proclamação da República. Com um dos mais altos cargos na hierarquia militar do Império, algumas horas antes de enviar o bilhete ao ministro, tivera um encontro reservado com Deodoro, seu conterrâneo de Alagoas, no qual se tratou do golpe planejado por Benjamin e pelas lideranças civis republicanas. O marechal explicou seu ponto de vista a Floriano. Em sua opinião, todas as possibilidades de negociação com o governo estavam esgotadas. O momento era de ação.

Anunciou também que se colocaria à frente dos revoltosos.

— Se a coisa é contra os *casacas*, lá em casa tenho a minha espingarda velha — limitou-se a responder Floriano.

"Casaca" era a forma pejorativa pela qual os militares se referiam às autoridades civis.

Por volta das onze da noite, o visconde de Ouro Preto teve a confirmação de seus temores: a Segunda Brigada do Exército, aquartelada em

Deodoro da Fonseca

Floriano Peixoto

1889

Visconde de Ouro Preto

São Cristóvão, marchava para o Campo de Santana (atual praça da República, na época conhecida também como praça da Aclamação). Igualmente rebelados estavam o Primeiro e o Nono Regimentos de Cavalaria e o Segundo Regimento de Artilharia.

Na tentativa de melhor acompanhar os acontecimentos, Ouro Preto seguiu primeiro para a Secretaria de Polícia, situada no centro da cidade. Ali chegando, mandou chamar Floriano Peixoto, que o informou a respeito do levante do Segundo Regimento de Artilharia. O marechal disse ter tomado conhecimento da rebelião por um aviso que lhe trouxera pessoalmente o ajudante de ordens do comandante do batalhão.

— E por que não o prendeu? — perguntou-lhe um surpreso Ouro Preto.

O marechal disse ao ministro que, se o ajudante de ordens não voltasse ao quartel, os militares rebelados, supondo que o ministério estava prevenido, se poriam em movimento mais ra-

As tropas marcham para o Campo de Santana: golpe contra a monarquia

pidamente, dificultando a reação do governo. Ouro Preto discordou novamente da atitude de Floriano:

— É mister prender os oficiais e os soldados, distribuindo-os convenientemente por fortalezas e quartéis — alertou. — Ordeno-lhe que assim proceda, senhor marechal!

Uma vez mais o ardiloso Floriano desconversou.

Por volta das três horas da madrugada, Ouro Preto decidiu transferir-se para o Arsenal da Marinha, cujas instalações se distribuíam entre o sopé do morro de São Bento, rente ao mar, e a ilha das Cobras, sede do Comando Naval brasileiro. Por precaução, despachou um telegrama ao imperador, que se encontrava em Petrópolis, dando conta da revolta militar. O tom da mensagem dava a entender que o ministro ainda tinha total controle da situação. "O governo toma as providências necessárias para conter os insubordinados e fazer respeitar a lei."

JOGANDO-SE AOS LEÕES

Às vésperas de completar 64 anos, dom Pedro II, velho e cansado, sofria de diabetes. Naquela noite, estava tão debilitado quanto o marechal Deodoro. Por isso, havia se recolhido mais cedo. Quem recebeu o telegrama de Ouro Preto foi seu médico particular, Claudio Velho da Mota Maia, o conde da Mota Maia, que estava de vigília no palácio de Petrópolis, refúgio da família imperial nos meses de verão.

Ao ler a mensagem, Mota Maia achou que não era o caso de incomodar o monarca. Preferiu deixá-lo dormir enquanto o Império mergulhava no abismo. O imperador só foi ler o telegrama pela manhã, quando já era tarde demais para reagir.

Ao alvorecer do dia 15, uma sexta-feira, diante das notícias de que mais tropas rebeladas marchavam para o centro da cidade, o visconde de Ouro Preto, por sugestão do ministro da Guerra, transferiu-se do Arsenal da Marinha para o Quartel-General do Exército, situado no Campo de Santana, vizinho à atual estação da estrada de ferro Central do Brasil (na época, chamada Dom Pedro II). Mais tarde, Ouro Preto confessaria ter cometido um erro estratégico fatal. O Campo de Santana era exatamente o ponto de convergência das tropas rebeladas.

Se tivesse permanecido no Arsenal da Marinha, o ministro estaria mais bem protegido do que no Quartel do Exército. Até aquele momento, a Marinha se mostrava mais fiel ao governo imperial do que o Exército, este sim o foco de toda a rebelião. Vizinha do Arsenal e isolada do continente por um pequeno trecho de mar, a ilha das Cobras, sede do Comando Naval, seria um obstáculo à chegada dos revoltosos e poderia oferecer uma rota de fuga pela baía de Guanabara, em caso de necessidade.

Na hora mais crítica dos eventos, o visconde de Ouro Preto mudou-se para dentro da cova dos leões.

Ao chegar ao Quartel-General do Exército, Ouro Preto foi recebido com informações cada vez mais inquietantes. Várias guarnições militares marchavam em direção ao Campo de Santana. Apesar disso, as ruas nas imediações estavam desertas. Nenhuma tropa fiel ao governo, nenhum obstáculo ou cordão de isolamento, nada havia sido mobilizado para proteger o ministério. No pátio interno do quartel e na praça em frente, um número reduzido de soldados mantinha-se em atitude de completa indiferença, com os braços cruzados e as armas em posição de descanso, como se nada de anormal estivesse acontecendo.

PEGOS DE SURPRESA

A notícia da movimentação das tropas pegou de surpresa as lideranças republicanas, entre elas o próprio Benjamin Constant, que, em sua casa, dormia tranquilamente quando foi acordado por volta das três horas da madrugada pelos tenentes Adolfo Pena e Lauro Müller. Ao se dar conta de que a revolução havia se precipitado, despachou o tenente Pena com a missão de avisar os civis Quintino Bocaiúva e Aristides Lobo e os comandantes Eduardo Wandenkolk e Frederico Lorena, da Marinha.

Antes de sair de casa, recomendou à mulher:

— Caso te chegue a notícia de que fomos vencidos, queime todos esses documentos. Vou cumprir o meu dever!

Depois, à paisana, seguiu de carro com Lauro Müller para a casa de Deodoro. Encontrou o marechal acamado, às voltas com mais uma crise de dispneia. Deodoro ouviu as notícias e prometeu que, assim que melhorasse um pouco, iria se juntar às forças rebeladas. Pela sua aparência, Benjamin julgou que isso não aconteceria e rumou ao encontro das tropas no quartel de São Cristóvão. Ao chegar ali, foi recebido com vivas pelos militares e fez um breve discurso, vestiu a farda e se posicionou entre os soldados que se dirigiam para o Campo de Santana.

Como o objetivo era depor o governo, as tropas marchavam sem bandeira. Desavisado, o sargento Ignácio Teixeira da Cunha Bustamante, do Segundo Regimento de Artilharia, carregava o estandarte imperial, que lhe tinha sido entregue por um oficial superior. Ao chegar à esquina da rua do Imperador com a Figueira de Melo, alguém o alertou que não ficava bem portar um símbolo do Império no momento de derrubada da Monarquia. Bustamante percebeu o deslize e, sem alternativa, enrolou a bandeira e atirou-a para dentro da janela de uma casa nas imediações.

Outro caso pitoresco envolveu um grupo de estudantes. Por orientação de Aristides Lobo, ao cair da tarde de 14 de novembro o estudante de engenharia Ildefonso Simões Lopes, presidente do Clube Republicano Rio-Grandense, percorreu vários alojamentos estudantis no centro da cidade, chamando os colegas para se dirigirem ao quartel do Segundo Regimento de Artilharia, onde receberiam armas e se incorporariam às tropas rebeladas. A adesão foi imediata.

Pouco depois da meia-noite, os estudantes pegaram um bonde e seguiram para o quartel. A certa altura, o bonde parou ao lado de outro que vinha na direção contrária. Nele, estava Frederico Guilherme Lorena, o oficial da Marinha que voltava frustrado da casa de Deodoro. Ao ver os estudantes, Lorena anunciou que a revolução teria de ser adiada porque o marechal, gravemente enfermo, talvez não chegasse com vida à manhã seguinte. E sem a presença de Deodoro, nada se poderia fazer. Ao ouvirem o relato, os estudantes mudaram de bonde e, na companhia de Lorena, retornaram a seus alojamentos, perdendo assim a chance de participar do episódio.

O tom de espontaneidade era reforçado pelo fato de a maioria dos soldados e mesmo alguns oficiais não estarem cientes de que se pretendia derrubar a Monarquia. Prova disso é que, pouco mais de um mês depois da Proclamação da República, em 18 de dezembro, estouraria uma rebelião de soldados no Segundo Regimento de Artilharia, justamente uma das unidades que haviam participado do golpe. Os soldados queriam a restauração da Monarquia e a volta de dom Pedro II ao Brasil. Foram todos punidos, assim como os participantes de outras revoltas isoladas contra a República registradas em diferentes regiões do país.

Naquela noite, o protagonista do evento, marechal Deodoro da Fonseca, tivera em sua casa uma áspera discussão com a mulher, Mariana, que, preocupada com suas condições de saúde, não queria permitir que ele saísse de casa. Acabaram concordando em deixar a decisão para o médico de Deodoro, Carlos Gross. "Se dependesse de mim, ele não sairia", afirmaria Gross mais tarde. Mas o soldado encarregado de encontrar o médico foi procurá-lo no endereço errado. Quando o encontrou, era tarde. Contrariando as restrições da mulher, Deodoro já havia ido ao encontro das tropas.

O GENERAL E SUA ESPADA

As forças supostamente leais ao Império eram constituídas por soldados do próprio Exército, marinheiros, bombeiros e policiais militares sob o comando do general José de Almeida Barreto. Sem que o governo soubesse, Almeida Barreto estava comprometido também com os revolucionários. E Deodoro não tinha plena confiança nele.

Por isso, ao observar de longe a formação das tropas diante do quartel, Deodoro chamou um oficial e determinou que levasse ao general a ordem para mudar de posição e colocar-se ao seu lado esquerdo. Passados quinze minutos, Almeida Barreto ainda não cumprira a determinação. Deodoro repetiu o comando e uma vez mais não foi atendido. Irritado, chamou novamente o oficial e explodiu:

— Menino, vá dizer ao Barreto que faça o que já lhe ordenei por duas vezes, ou então que meta sua espada no c..., pois não preciso dele!

A frase de Deodoro, por seu conteúdo chulo, tem sido relatada de forma reticente nos livros de história.

Controvérsias à parte, a ordem, dessa vez, foi cumprida imediatamente pelo general Almeida Barreto, que, ao reposicionar suas tropas sob o comando de Deodoro, deixou exposta sua adesão ao golpe republicano e a total fragilidade do governo.

Logo em seguida começaram a aparecer os civis, incluindo o jornalista Quintino Bocaiúva, que montava um cavalo emprestado pelas tropas rebeladas. Uma ausência notada foi a do advogado Silva Jardim, um dos homens que, em meses anteriores, mais se empenharam na propaganda republicana percorrendo o país para fazer conferências e fundar clubes e jornais favoráveis à nova causa. Ocorre que seu adversário político, Quintino Bocaiúva, deixou de avisá-lo da movimentação das tropas. Com isso, Silva Jardim perdeu a chance de testemunhar o momento crucial da Proclamação da República. E por essa razão ele se tornaria um homem amargurado pelo resto da vida. Dois anos mais tarde, em viagem ao sul da Itália, sofreria uma morte épica, tragado pela cratera do vulcão Vesúvio, em Pompeia. Seu corpo jamais foi recuperado.

TROCA DE TIROS

Em dado momento, apareceu numa rua lateral o carro do ministro da Marinha, José da Costa Azevedo, barão de Ladário. Vinha se juntar ao ministério, já reunido no interior do edifício. Deodoro mandou que os tenentes Adolfo Pena e Lauro Müller o prendessem.

Os dois oficiais se aproximaram do ministro quando ele saía do carro.

— Senhor barão, Vossa Excelência está preso! — gritou o tenente Pena.

Em vez de se render, Ladário sacou uma pistola e disparou em direção ao oficial, que revidou de imediato. Ambos erraram o alvo. Ladário sacou outra pistola e deu um segundo tiro. Errou novamente, mas dessa vez foi alvejado por quatro disparos, que o atingiram em várias partes do corpo. À distância, Deodoro gritou:

— Não atirem! Não matem esse homem!

Com as roupas empapadas de sangue, Ladário procurou refúgio em uma loja próxima, mas caiu na calçada antes de chegar à porta do estabelecimento. Levado a um hospital, sobreviveu milagrosamente. Semanas mais tarde, anunciaria seu apoio ao novo governo provisório republicano.

Dom Pedro II recebeu um novo telegrama do visconde de Ouro Preto por volta das onze horas da manhã, dando conta da gravidade da situação. Decidiu retornar ao Rio de Janeiro e ordenou que lhe preparassem um trem especial, que o levaria direto ao centro da cidade.

Muitos, ainda hoje, discutem a decisão de dom Pedro II. Nos anos seguintes, os monarquistas chegaram a formular a hipótese de que se o imperador tivesse permanecido em Petrópolis, e dali fosse para Minas Gerais, teria podido organizar a resistência ao golpe. O engenheiro negro e abolicionista André Rebouças, amigo da família imperial, chegou a sugerir isso, mas, nessa altura, dom Pedro II já estava no trem a caminho do Rio de Janeiro.

Enquanto o monarca descia a serra, o clima no Ministério da Guerra era de confraternização entre os vitoriosos e de completa desolação entre os perdedores. No entanto, não havia nenhuma definição de Deodoro quanto à República — que de fato ainda não fora proclamada. Benjamin Constant se agoniava com a ideia de perder, ali, a grande oportunidade de mudar de regime.

"O POVO EM MASSA..."

Na redação do jornal *Cidade do Rio*, de propriedade do abolicionista José do Patrocínio, Aníbal Falcão, Pardal Mallet, Silva Jardim e o próprio Patrocínio redigiram às pressas a única proclamação formal da República ouvida naquele dia.

A moção anunciava que "o povo, reunido em massa na Câmara Municipal, fez proclamar, na forma da lei ainda vigente, pelo vereador mais moço (Patrocínio, então com 36 anos), depois da gloriosa revolução que *ipso facto* aboliu a Monarquia no Brasil — o governo republicano". Acrescentava que "os abaixo-assinados", intitulados "órgãos espontâneos da população do Rio de Janeiro", estavam "convencidos de que os representantes das Classes Militares, que virtualmente exercem as funções de governo no Brasil, sancionarão este ato".

"O povo em massa reunido na Câmara Municipal" não passava de meia dúzia de jornalistas e intelectuais.

Vereador e líder abolicionista negro nascido em Campos dos Goytacazes, filho bastardo de um padre com uma escrava, José do Patrocínio era uma figura controvertida. Até as vésperas de 15 de novembro, declarava-se um fiel súdito e aliado da princesa Isabel. Atribui-se a ele o título de "A Redentora", dado à princesa depois da assinatura da Lei Áurea, em 13 de maio de 1888. Entusiasmado com a abolição, que tanto defendera, Patrocínio ajudou a criar uma "guarda negra", composta de escravos libertos, mulatos e capoeiras, cujo objetivo era defender os direitos da princesa e assegurar o Terceiro Reinado depois da morte do imperador Pedro II.

As convicções monarquistas de Patrocínio, porém, desapareceram na tarde de 15 de novembro. Ele seria um dos muitos republicanos de última hora que o Brasil haveria de conhecer naqueles tumultuados dias. Concluído o texto da moção, o grupo se dirigiu à Câmara Municipal. A improvisada cerimônia de Proclamação da República aconteceu por volta das seis horas da tarde. Na falta de símbolos genuinamente brasileiros que representassem o novo regime, foi preciso improvisar. Cantou-se *A Marselhesa*, entoada em Paris na revolução que derrubou a Monarquia na França, e hoje hino nacional francês, e hasteou-se uma bandeira que imitava os traços do estandarte dos Estados Unidos da América, outro país-modelo republicano, substituindo-se as cores azul e branco das faixas horizontais pelo verde e amarelo.

Essa bandeira, originalmente usada pelo Clube Republicano Lopes Trovão, seria mais tarde substituída pela atual, com a expressão "Ordem e Progresso", inspirada nos ideais do Apostolado Positivista, grupo de seguidores do filósofo francês Auguste Comte, que pregava uma ditadura republicana como solução para o Brasil.

Depois da cerimônia na Câmara Municipal, os manifestantes se dirigiram à casa de Deodoro. Pretendiam entregar-lhe a moção redigida no jornal de José do Patrocínio. Como o marechal estava de cama, e proibido pela mulher de receber visitas, coube a Benjamin Constant atendê-los. Depois de ouvi-los, Benjamin, agora mais cauteloso do que no momento em que desfilara com as tropas pelo centro da cidade, afirmou: "O governo provisório saberá levar em conta a manifestação da população do Rio de Janeiro". Anunciou que, em momento oportuno, a nação seria consultada sobre a troca de regime. O manifesto que o governo provisório divulgou naquela noite, assinado por Deodoro, anunciava que o Exército e a Armada haviam decretado a deposição da família imperial e o fim da Monarquia, mas em nenhum momento mencionava a palavra república.

A consulta prometida por Benjamin Constant aconteceria somente um século mais tarde. Em abril de 1993, 103 anos depois de 15 de novembro de 1889, os brasileiros finalmente foram chamados a decidir em plebiscito nacional se o Brasil deveria ser uma monarquia ou uma república.

Venceu a República.

Os quatro capítulos seguintes mostram a moldura — o contexto e os antecedentes — desse dia tão turbulento e ainda tão cheio de mistério. Neles, temos um panorama do Segundo Reinado, um perfil do imperador Pedro II e das transformações do revolucionário século XIX, que afetariam profundamente o ambiente político, econômico e social no Brasil.

CAPÍTULO 4
O império tropical

NO ANO DA PROCLAMAÇÃO da República, o Brasil tinha aproximadamente 14 milhões de habitantes, 7% da população atual. De cada cem brasileiros, somente quinze sabiam ler e escrever o próprio nome. Os demais nunca haviam frequentado uma sala de aula. Entre os negros e escravos recém-libertos, o índice de analfabetismo era ainda maior, superior a 99%. Só uma em cada seis crianças com idade entre seis e quinze anos frequentava a escola. Em todo o país havia 7.500 escolas primárias com 300 mil alunos matriculados.

Nos estabelecimentos secundários, esse número despencava. Havia somente 12 mil estudantes. Oito mil pessoas tinham educação superior — uma para cada 1.750 habitantes.

A agricultura respondia por 70% de todas as riquezas nacionais, e a imensa maioria da população se concentrava no campo. Oito entre dez brasileiros moravam na zona rural. O café dominava a exportação. Sozinho, o Brasil fornecia cerca de 60% da produção mundial.

Desde a época da Independência, o país havia progredido bastante, embora não o suficiente para as suas necessidades em alguns aspectos. As fronteiras estavam definidas e consolidadas, com exceção de um trecho na região do Rio da Prata e do estado do Acre, que em 1903 seria comprado da Bolívia por 2,9 milhões de libras esterlinas em negociação conduzida pelo barão do Rio Branco.

Ao manter intacto um território pouco inferior à soma de todos os países europeus, os brasileiros haviam alcançado uma façanha que nenhum de seus vizinhos conseguira realizar. O Brasil se mantivera unido enquanto a antiga América espanhola se fragmentara nas guerras civis do começo do século.

GUERRA CONTRA O PARAGUAI

Revoltas regionais e rebeliões separatistas, que até metade do século XIX ameaçaram a integridade territorial, tinham sido superadas com muito sacrifício. Como se isso não fosse suficiente, o país ainda havia passado por outra experiência traumática, a Guerra do Paraguai, maior de todos os conflitos armados da história da América do Sul.

A guerra seria mais longa e desgastante do que se previa — de 1864 a 1870. No início dos combates, o Exército brasileiro era pequeno e mal organizado. Suas tropas somavam 18 mil homens contra um contingente paraguaio de 64 mil soldados, reforçado por uma retaguarda de veteranos calculada em 28 mil reservistas. O cenário desfavorável mudou graças a uma aliança até então considerada improvável, reunindo rivais históricos — Brasil, Argentina e Uruguai — contra o inimigo comum. A chamada *Tríplice Aliança* ani-

Bandeiras da Tríplice Aliança: o Brasil lutou praticamente sozinho

quilou as esperanças de sucesso de Solano López. Nos anos finais da guerra, os brasileiros lutaram praticamente sozinhos, sob o comando do mítico Luís Alves de Lima e Silva, futuro duque de Caxias, uma vez que argentinos e uruguaios, às voltas com rivalidades internas, pouco puderam contribuir.

Internamente, a guerra produziu alguns efeitos colaterais importantes. Nunca antes tantos brasileiros haviam juntado forças em torno de uma causa comum. Gente de todas as regiões pegou em armas para defender o país. Calcula-se que pelo menos 135 mil homens foram mobilizados. Mais de um terço desse total, aproximadamente 55 mil, fazia parte do chamado corpo de *Voluntários da Pátria*, composto de soldados que se alistaram espontaneamente.

Nos campos do Paraguai, brasileiros de cor branca lutaram ao lado de escravos, negros e mulatos, índios e mestiços. Ribeirinhos da Amazônia e sertanejos do Nordeste encontraram-se pela primeira vez com gaúchos, paulistas e catarinenses. O imperador Pedro II, chamado de o "Voluntário Número Um", transferiu-se pessoalmente para a frente de batalha, enfrentando o frio e a intempérie numa barraca de campanha. Tudo isso havia produzido um sentimento de unidade nacional que o país não conhecera nem mesmo no tempo de sua Independência. Os símbolos nacionais foram valorizados. O hino era tocado no embarque das tropas. A bandeira tremulava à frente dos batalhões e nos mastros dos navios.

Finda a Guerra do Paraguai, o país entrou em uma fase decisiva de transformações. No campo político, reavivou-se a campanha em favor da libertação de todos os escravos. A resistência dos fazendeiros e dos barões do café, que dependiam da mão cativa para cultivar suas lavouras, foi enorme, mas, também nesse caso, brasileiros de todas as cores e regiões acabaram se unindo em torno de uma mesma aspiração, que levou milhares de pessoas às ruas na fase final da jornada. O resultado foi a Lei Áurea, que, assinada pela princesa Isabel no dia 13 de maio de 1888, colocara fim a quase quatro séculos de escravidão.

Ainda como decorrência da guerra, o Exército se fortalecera. A presença dos militares como força política nas décadas seguintes seria um fator decisivo para a queda da Monarquia e a Proclamação da República.

AS NOVIDADES DO MUNDO

O contato com o restante do mundo fora alterado. Na época dos barcos a vela, uma viagem entre o Brasil e a Europa demorava cerca de dois meses. Tinha sido esse o tempo que a frota do príncipe

O IMPÉRIO TROPICAL

Campanha em favor da libertação dos escravos

regente dom João levara para cruzar o Atlântico em 1808, de Lisboa a Salvador, fugindo das tropas do imperador francês Napoleão Bonaparte. Agora, com os navios a vapor, era possível ir do Rio de Janeiro a Liverpool, na Inglaterra, em exatos 28 dias, a bordo dos ágeis e confortáveis *packet boats* ingleses, nome que, aportuguesado, fez os navios passarem a ser chamados de *paquete*.

Outro marco dessa integração com o mundo havia sido a inauguração, no dia 22 de junho de 1874, do primeiro cabo submarino ligando o Rio de Janeiro à Europa. Instalado no prédio da Biblioteca Nacional, o imperador Pedro II celebrou o acontecimento despachando telegramas ao papa Pio IX, à rainha Vitória, da Inglaterra, ao imperador Guilherme, da Alemanha, ao rei Victor Emanuel, da Itália, ao presidente dos Estados Unidos, Ulysses Grant, e ao presidente da França, marechal Mac-Mahon.

Capital do Império, com 522.651 habitantes, o Rio de Janeiro aumentara sua população nove vezes desde a chegada de dom João e a família real portuguesa. O porto carioca era o mais movimentado do Brasil. A cidade que mais crescia em 1889, no entanto, era São Paulo, que chegaria a 239.820 habitantes no Censo de 1900. Sua população se multiplicaria por dez em apenas cinquenta anos, impulsionada em grande parte pelos novos imigrantes estrangeiros que chegavam ao Brasil para substituir nas lavouras a recém-abolida mão de obra escrava.

Nas grandes capitais, a paisagem urbana se transformara por completo. Em algumas delas, as ruas centrais eram iluminadas por lampiões a gás, mais eficientes do que as antigas lanternas a óleo de baleia, de manutenção difícil e funcionamento incerto. O telégrafo contribuíra para a proliferação dos jornais e a circulação mais rápida de notícias. A imprensa, que chegara tardiamente ao Brasil com dom João, em 1808, passara por uma fase de rápida expansão nas décadas seguintes. Em 1876 já se publicavam cinquenta jornais no Rio de Janeiro, mais de quarenta em São Paulo, trinta em Pernambuco, 27 na Bahia e 22 no Pará. Invenção mais recente, o telefone chegou a São Paulo, Salvador, Rio de Janeiro, Campinas e Porto Alegre nos últimos dez anos do Império.

O Rio de Janeiro era a vitrine de todas as mudanças. A cidade recebera arborização em 1820, calçamento com paralelepípedos em 1853, iluminação a gás em 1854, bondes puxados a burro em 1859, rede de esgoto em 1862, abastecimento domiciliar de água em 1874. Os primeiros bondes elétricos chegariam em 1892. O nome bonde vinha da palavra inglesa *bond*, cupons em papel que as concessionárias emitiam para driblar a falta de troco no pagamento das passagens. Eram empresas estrangeiras, como a americana Botanical Garden Railroad Company, cujos carros ligavam o centro da cidade ao largo do Machado. Impressionava aos estrangeiros o fato de todo mundo no Rio andar de bonde, incluindo ministros, deputados, senadores, barões e viscondes. Talvez não houvesse outra cidade no mundo com tantas linhas à disposição da população. Outro aspecto que surpreendia era o ambiente cosmopolita do Rio de Janeiro. As mulheres, até algum tempo antes proibidas de sair de casa, eram vistas nas ruas com vestidos longos, chapéus e sombrinhas coloridas.

A Confeitaria Carceler vendia sorvete ao preço de 320 réis o cone, produzido em fábrica de gelo importada dos Estados Unidos. A rua do Ouvidor concentrava as casas de comércio mais elegantes. Era um espelho da Europa nos trópicos, como indicavam os nomes de algumas de suas lojas: La Belle Amazone, Notre

Dame de Paris, Wallerstein et Masset e Desmarais. Os homens se vestiam pelo figurino inglês. As mulheres, pelo francês. Um anúncio da empresa Buarque & Maya, de propriedade dos engenheiros Manuel Buarque de Macedo e Raimundo de Castro Maya, colocava à venda uma novidade revolucionária, as "machinas de escrever", comercializadas nos Estados Unidos desde 1867.

TROPICAL À EUROPEIA

Almoçava-se às dez horas da manhã e jantava-se às quatro da tarde. À noite, uma ceia, por volta das oito horas. Nos restaurantes mais populares, a refeição custava seiscentos réis. Um copo de refresco saía por duzentos réis. O cafezinho, por sessenta réis. Um prato típico era composto de sopa, bife, arroz com galinha, feijão, farinha, marmelada ou doce de figo, e frutas. A vida noturna era animada. Os teatros, sempre lotados, faziam parte do circuito de companhias e astros internacionais, como a cantora lírica italiana Adelaide Ristori, a mais famosa da época, que se tornou amiga e confidente do imperador Pedro II até a morte.

Os vendedores ambulantes tomavam conta da cidade, apregoando todo tipo de mercadorias, e eles, somados ao barulho que saía das casas, tomavam as ruas estreitas e transformavam o Rio de Janeiro numa das cidades mais barulhentas do mundo, na opinião de visitantes.

No Rio de Janeiro funcionava a escola mais importante do Brasil. Era o Imperial Colégio Pedro II, criado em 1837. Tinha a prerrogativa exclusiva de conferir ao aluno o valioso título de bacharel em Letras, um diploma difícil de obter, mas que dava o direito a entrar automaticamente em qualquer das raras escolas de ensino superior existentes, como as prestigiadas faculdades de Direito de São Paulo e do Recife. Permitia, portanto, o ingresso ao restrito grupo social que frequentava os salões da Monarquia. Em 1887, dos 569 alunos do Pedro II, só doze receberam a láurea de bacharel. O diploma era tão precioso que o imperador acompanhava pessoalmente as provas.

Os europeus que chegavam à cidade logo percebiam a falta de lógica entre a paisagem e o clima local, marcado pelo sol inclemente dos trópicos, e a forma como as pessoas se vestiam e se comportavam nas ruas, tentando imitar a moda e os costumes da Europa. Mesmo em dias com quarenta graus à sombra, os homens insistiam em trabalhar nas horas mais quentes do dia, das nove da manhã às quatro da tarde, como se fossem negociantes londrinos. E percorriam as ruas do Centro usando jaquetões escuros e cartolas de copa alta.

As autoridades não se preocupavam com problemas tipicamente tropicais. A municipalidade do Rio de Janeiro não garantia sequer o saneamento adequado da cidade, periodicamente assolada pela febre amarela. Nos meses de verão, quando as doenças proliferam com mais intensidade, quem era poderoso, rico ou famoso mudava-se para Petrópolis, a cidade imperial de paisagem europeia, clima ameno e agradável, nas encostas da serra fluminense.

A vida social em Petrópolis se dividia entre as mansões da nobreza, os hotéis de luxo e os passeios de carro, a cavalo ou a pé pelas ruas bem arborizadas. O Hotel Bragança, inaugurado em 1848, tinha 92 quartos e um salão de refeições para duzentas pessoas. Era o local preferido para festas, bailes e concertos. O Hotel Orleans, inaugurado em 1883, reunia a sociedade imperial depois da missa aos domingos. O Palácio de Cristal, que, segundo observou o historiador Heitor Lyra, "nunca foi palácio nem nunca foi de cristal", tinha sido um presente de dom Pedro à princesa Isabel. Destinava-se às exposições de horticultura.

Essa ilha de sofisticação europeia estava instalada no meio de uma densa e luxuriante mata tropical brasileira, cujas plantas e animais exóticos fascinavam os viajantes estrangeiros. Uma carta de novembro de 1867 enviada pela princesa Leopoldina, filha caçula de dom Pedro II, à irmã mais velha, Isabel, contava que dos aposentos no palácio imperial era possível ouvir "o concerto dos sapos" na floresta vizinha. Segundo ela, nas noites anteriores, o quintal do palácio havia sido visitado por uma onça, que atacara os animais domésticos. "Ainda bem que a onça não comeu senão galinhas", relatava a princesa, aliviada pelo fato de seus coelhos de estimação terem sido poupados pelo felino.

POR TODA PARTE, O ATRASO

Nos primeiros anos do reinado de dom Pedro II, levavam-se dois dias de viagem em barcaças e diligências para chegar a Petrópolis. Na véspera da Proclamação da República, o percurso era coberto em apenas duas horas nos vagões da estrada de ferro Mauá, inaugurada em meados do século. A ligação ferroviária entre Rio de Janeiro e Petrópolis — a primeira do Brasil — tinha sido uma iniciativa de Irineu Evangelista de Sousa, barão e mais tarde visconde de Mauá, o homem mais rico e mais empreendedor de todo o Segundo Reinado. Em 1867, a fortuna pessoal de Mauá era calculada em 115 mil contos de réis, 18,5% superior a todo o orçamento do Império para aquele ano.

Dono de fábricas, bancos e estradas de ferro, Mauá era um personagem exótico em um país agrícola e até então dependente de mão de obra escrava. Sua história representa uma encruzilhada nos caminhos do desenvolvimento da economia brasileira. Advogava a industrialização acelerada do Brasil, processo no qual julgava que o país já estivesse muito atrasado. Mauá foi à falência em 1875, em boa parte devido às dificuldades de financiamento para seus projetos. Foi impossível convencer o Império a fornecer o capital necessário para os seus grandes empreendimentos in-

Irineu Evangelista de Sousa e a estrada de ferro Mauá

dustriais e de infraestrutura. Morreu aos 75 anos, em 21 de outubro de 1889, três semanas antes da Proclamação da República, sem ter visto a transformação que sonhava para o país.

Profundamente dependente da agricultura de exportação, o Brasil continuaria a canalizar todos os seus esforços para a grande lavoura. Era a base de sustentação do Império tropical. E continuaria a ser a da República, até, pelo menos, meados do século xx. A sociedade brasileira era conservadora e patriarcal, fenômeno que se observava com mais nitidez longe das capitais. A vida social se regulava por missas, procissões, cerimônias e feriados religiosos. Até 1852, os dias santos somavam 41 feriados ao longo do ano. A aristocracia rural mandava em tudo.

A imigração estrangeira chegou tarde ao Brasil e em número muito menor que o desejável, porque o país jamais conseguiu criar o ambiente para atrair colonos livres. Paraíso do latifúndio, o Brasil tinha, em 1865, 80% de suas áreas cultiváveis nas mãos dos grandes proprietários. Ser dono de terras e escravos era sinônimo de prestígio social e poder político, mas, em grande parte, eram fazendas improdutivas, que em nada contribuíam para a produção de riquezas.

Abolicionistas como o pernambucano Joaquim Nabuco e o baiano André Rebouças defendiam a criação de um imposto territorial como forma de acabar com o latifúndio improdutivo e democratizar a propriedade da terra. Acreditavam que essa medida, junto com a abolição da escravidão, elevaria o país a um novo patamar de desenvolvimento.

No entanto, o governo imperial resistiu a todas as tentativas de mudanças. Enquanto durou a Monarquia, o imposto territorial jamais conseguiu aprovação no Congresso. Em vez de buscar a "democracia agrária" sonhada por Nabuco e Rebouças, o Brasil fez uma reforma agrária às avessas, concentrando ainda mais a terra nas mãos de poucos proprietários.

Ao contrário dos Estados Unidos, que, por meio do *Homestead Act*, uma lei de 1862, autorizou a doação de terras a todos os que nela desejassem se instalar, no Brasil a Lei de Terras de 1850 ergueu barreiras à aquisição delas por parte dos imigrantes pobres que chegavam da Europa. As terras públicas seriam vendidas à vista e a preços suficientemente altos para evitar o acesso à propriedade por parte dos futuros colonos. Além disso, estrangeiros que tivessem passagens financiadas para vir ao Brasil estavam proibidos de comprar terras até três anos depois de sua chegada. Era uma forma de obrigá-los a trabalhar nas fazendas, no lugar dos escravos, antes de conseguirem, a muito custo, juntar o necessário para comprar uma pequena propriedade. Tanto que, na época da aprovação do *Homestead Act*, os Estados Unidos já haviam atraído mais de 5 milhões de imigrantes, especialmente da Europa. No Brasil, o número não passava de 50 mil. Com as novas leis de posse da terra, a diferença aumentou ainda mais.

IMIGRANTES OU ESCRAVOS BRANCOS?

Além de tardio, o projeto de imigração foi executado, na maioria das vezes, de forma improvisada, quando não desastrada. Uma das primeiras tentativas aconteceu por iniciativa do senador paulista Nicolau de Campos Vergueiro, que havia obtido da coroa portuguesa doações de vastas porções de terras na região de Piracicaba, Limeira e Rio Claro, no interior de São Paulo. Em 1846, iniciou o assentamento de imigrantes europeus em sua fazenda Ibicaba pelo sistema de parceria. As primeiras 364 famílias vinham da Baváriae da Prússia, na atual Alemanha.

Antes de partir da Europa, os colonos assinavam um contrato pelo qual o fazendeiro se comprometia a lhes pagar as passagens de navio, transporte e alimentação até o local de trabalho. Em troca, assumiam o compromisso de cultivar as lavouras até ressarcir inteiramente o proprietário desses valores, pagando 6% de juros ao ano. Receberiam uma parte da produção de café, mas eram obrigados a vendê-la ao próprio fazendeiro pelo preço que a ele conviesse e do qual seriam abatidos os custos de transporte e beneficiamento dos grãos, entre outros.

Ao chegar ao Brasil, os imigrantes logo perceberam que as exigências contratuais de Vergueiro os colocavam na situação de escravos brancos. Como resultado, em fevereiro de 1857, uma revolta de estrangeiros estourou na fazenda Ibicaba. Os colonos alegavam que o fazendeiro lhes comprava o café por preços inferiores aos do mercado, mas ao mesmo tempo lhes vendia mercadorias a preços extorsivos. Muitos deles, depois de trabalharem por vários anos, se encontravam mais endividados do que na época da chegada ao Brasil. O tratamento dispensado pelos feitores era semelhante ao vigente nas antigas senzalas.

Alguns desses imigrantes voltaram para a Europa, onde escreveram livros denunciando a fraude da imigração para o Brasil. As denúncias de maus-tratos levaram países, como a Prússia, a proibir a vinda de imigrantes ao Brasil. Em 1885, o governo italiano publicou uma circular na qual desaconselhava seus cidadãos a migrar para São Paulo, apontada como uma região insalubre e perigosa.

Todas essas dificuldades vinham de problemas sociais, econômicos e políticos que o Brasil carregava desde a sua fundação. A construção do país depois da Independência havia sido difícil e tortuosa. O Império era imenso, diversificado, complexo, difícil de administrar. De um lado, havia um grande território, repleto de riquezas naturais e oportunidades. De outro, escravidão, analfabetismo, isolamento e rivalidades políticas e regionais.

José Bonifácio de Andrada e Silva, Patriarca da Independência, acreditava que a única maneira de evitar a guerra civil e manter a integridade territorial era equipar o Brasil independente com um "centro de força e unidade" sob o regime de monarquia constitucional e a liderança do imperador Pedro I. Foi essa a fórmula imperial que triunfou em 1822. Sua implantação, porém, custaria muito sangue e sacrifício.

O GOLPE DA MAIORIDADE

Os nove anos do Primeiro Reinado haviam sido de grande instabilidade, marcados pelo conflito entre o Parlamento e a índole autoritária de dom Pedro I, pelos escândalos de sua vida pessoal e pela suspeita, por parte dos brasileiros, de que o imperador se preocupava mais com os interesses de Portugal do que com os do Brasil. Sua abdicação, em 7 de abril de 1831, foi interpretada por muitos como a "nacionalização da Independência". Finalmente os destinos do país estavam nas mãos dos próprios brasileiros.

Naquele momento, o herdeiro da coroa, Pedro de Alcântara, era uma criança de apenas cinco anos, idade insuficiente para assumir o trono. Enquanto não atingisse a maioridade, o país seria conduzido por regentes, homens que governavam em nome do futuro imperador.

D. Pedro II garoto

Com isso, entre outros fatores, enfraqueceu-se o poder central, que se revelou incapaz de conter a agitação nas províncias. Entre 1831 e 1848 o país foi sacudido por nada menos que 22 revoltas regionais. Tinham caráter difuso, com reivindicações às vezes difíceis de entender. Nasceram quase todas nos grupos mais humildes da população. De certa forma, refletiam um sentimento de orfandade no processo de Independência do Brasil entre a população pobre e analfabeta. O Brasil rompera vínculos com Portugal sem alterar a estrutura social vigente até então. A escravidão fora mantida, tanto quanto o analfabetismo, o latifúndio e a concentração de riquezas. Foi essa população deixada à margem do processo que pegou em armas no período da Regência.

As rebeliões mostravam que a política brasileira, depois da abdicação de dom Pedro I, era instável demais. Algo precisava ser modificado, e a ideia predominante era devolver ao governo central as prerrogativas que havia perdido em favor das províncias na primeira fase da Regência.

Símbolo máximo da centralização foi a campanha pela antecipação da maioridade de Pedro II, ainda um adolescente. O *imperador-menino* converteu-se na esperança de todos aqueles que buscavam fórmulas de assegurar a sobrevivência do Império. Pela Constituição brasileira, o imperador só poderia assumir o trono com dezoito anos. Era preciso, portanto, reformar a lei antes de coroá-lo.

Em abril de 1840, os liberais fundaram a Sociedade Promotora da Maioridade do Imperador, na casa do padre e senador cearense José Martiniano de Alencar, pai do futuro escritor José de Alencar. Tinham o apoio do mordomo imperial Paulo Barbosa, em cuja chácara, situada dentro da Quinta da Boa Vista e do palácio de São Cristóvão, foram realizadas as reuniões.

Apresentado na Câmara e no Senado, o projeto de antecipação da maioridade foi derrotado mais de uma vez. Por essa razão, os chefes liberais decidiram levar a questão para as ruas. Cartazes afixados nas paredes e muros do Rio de Janeiro propagandeavam:

Queremos Pedro Segundo,
Embora não tenha idade;
A nação dispensa a lei,
E viva a maioridade!

No dia 22 de julho de 1840, o regente Araújo Lima, à frente de um grupo de deputados e senadores, levou um manifesto ao jovem Pedro II, pedindo que aceitasse ser aclamado imperador de imediato. Orientado pelos seus tutores, o menino teria respondido sem titubear:

— Quero já!

Foi assim, passando por cima da Constituição, que dom Pedro II foi declarado maior de idade e apto a assumir a coroa. O episódio passou para a história como "O Golpe da Maioridade". Começava ali o longo Segundo Reinado, que seria interrompido por outro golpe, o da República, quase meio século mais tarde, na manhã de 15 de novembro de 1889.

CAPÍTULO 5
A miragem

NA REGIÃO SERRANA DO Rio de Janeiro, Petrópolis é como uma cápsula do tempo que preserva uma miragem histórica. Quem visita hoje a cidade sofre uma ilusão de ótica. Vê ali representado um Brasil Imperial que, às vésperas da Proclamação da República, aparentava ser mais civilizado, rico, elegante e educado do que de fato era ou seria no futuro. Esse Brasil de sonhos pouco tinha a ver com a realidade observada nas ruas e nos campos de um território ermo, pobre e atrasado. O imperador Pedro II e a bela cidade batizada com seu nome eram o símbolo disso tudo.

Cercada por uma população de analfabetos, a elite brasileira era relativamente pequena. Mandava seus filhos estudarem na França ou na Inglaterra, tinha contato com as ideias liberais discutidas em universidades europeias, mas tirava sua riqueza da exploração da mão de obra cativa e do latifúndio.

A primeira Constituição brasileira, outorgada pelo imperador Pedro I em 1824, era considerada uma das mais avançadas do mundo na definição dos direitos individuais e na liberdade de imprensa. Mas em nenhum momento mencionava a existência de escravos no país. O artigo 179 definia a liberdade e a igualdade como direitos inalienáveis do homem, enquanto mais de 1 milhão de brasileiros permaneciam cativos nas senzalas, podendo ser comprados ou vendidos como uma mercadoria qualquer, sujeitos ainda a açoites, uso de correntes nos pés, marcação do corpo com ferro em brasa e outras punições conforme a vontade de seu dono.

TÍTULOS DE NOBREZA À VENDA

Para muitos, a Independência do Brasil foi uma aposta de risco. Ao se libertar de Portugal, com uma população composta em sua maioria de excluídos — escravos, pobres e analfabetos — e submetido a enormes divergências regionais, o país corria o risco de ver irromper guerras civis, que dividiriam o território. E a ameaça de uma rebelião dos cativos contra seus senhores tirava o sono da minoria branca.

O arranjo político do novo Brasil precisava levar em conta esses fatores. Por isso, a aristocracia brasileira optou pelo caminho mais conservador e seguro. Em vez de se aventurar em uma revolução republicana — a exemplo do que faziam todos os demais países da América —, o Brasil preferiu se unir em torno do imperador Pedro I como estratégia para preservar seus interesses.

No entanto, muitas figuras de importância no cenário nacional representavam papéis que nem sempre tinham a ver com a realidade. Como a nobreza, que gostaria de se ver e ser vista como europeia, ainda que estivesse em um país tropical. Diferentemente da Europa, aqui os títulos não eram hereditários, não passavam de pai para filho, mas se extinguiam com a morte de seu detentor. Isso porque não vinham de uma longa tradição familiar na história do país, mas como resultado de uma troca de favores, ou mesmo da compra desses títulos de nobreza.

Traficantes de escravos, fazendeiros, donos de engenho, pecuaristas, charqueadores e comerciantes davam apoio político, financeiro e militar necessário à sustentação do trono. Como recompensa, recebiam do monarca posições de influência no governo, benefícios e privilégios nos negócios públicos e, especialmente, títulos de nobreza.

Por aqui, desde a chegada de dom João com a família imperial, em 1808, os títulos eram concedidos fartamente. Em seus oito primeiros anos no Brasil, dom João havia outorgado mais títulos de nobreza do que em todos os trezentos anos anteriores da história da Monarquia portuguesa. Era um momento em que a corte portuguesa estava particularmente necessitada de apoio político e financeiro, por causa da invasão da metrópole pelas tropas do imperador francês Napoleão Bonaparte. Já Pedro I causou escândalo ao tornar as irmãs Domitila e Maria Benedita de Castro Canto e Melo, ambas suas amantes, na marquesa de Santos e na baronesa de Sorocaba, respectivamente.

A Guerra do Paraguai representou um momento crítico ao país. Um decreto baixado em 6 de novembro de 1866 determinava que os proprietários que tomassem a iniciativa de libertar os seus escravos para lutar na guerra receberiam títulos de nobreza. Era uma situação curiosa: os escravos pegariam em armas e exporiam a vida lutando contra os soldados de Solano López, enquanto seus donos, sem correr nenhum risco, se tornariam barões do Império.

O ritmo das concessões mais do que quintuplicou nos dezoito meses que antecederam a queda da Monarquia. No total, foram 155 títulos de nobreza concedidos entre a publicação da Lei Áurea, em maio de 1888, e o golpe protagonizado por Deodoro da Fonseca em novembro do ano seguinte. Diante do clima de tensão entre os militares e os civis que precedeu a Proclamação da República, o visconde de Maracaju, ministro da Guerra, propôs que todos os marechais recebessem o título de barão.

Entre a criação do Reino Unido de Portugal, Brasil e Algarves, em 1815, e a Proclamação da República, em 1889, foram distribuídos 1.400 títulos de nobreza no Brasil.

O Brasil só teve dois títulos de duque. Um foi outorgado a Luís Alves de Lima e Silva, o duque de Caxias, que havia dado uma contribuição decisiva para a consolidação do Império brasileiro, combatendo as revoluções da Regência e comandando o Exército no momento mais difícil da Guerra do Paraguai. Já Isabel Maria, filha bastarda do relacionamento de dom Pedro I com Domitila, ganhou o título de duquesa de Goiás.

O título de barão, o menor (e o mais barato) da nobreza, banalizou-se de tal forma que virou motivo de chacota e deu origem a um dito popular: "Sai daí, cão, que te faço barão!". Cerca de trezentos cafeicultores de São Paulo, Minas Gerais e Rio de Janeiro — a nata da aristocracia rural e os que mais se ressentiam da abolição da escravatura — receberam títulos de nobreza. Eram os famosos barões do café.

Os títulos de nobreza custavam pequenas fortunas aos agraciados, que eram arrecadadas pelo Tesouro imperial. O título de barão, por exemplo, o mais barato, custava o equivalente a quatro ou cinco anos de trabalho de um soldado, carpinteiro ou alfaiate.

O governo não tinha como cobrir seus gastos e dependia de empréstimos. O *deficit* vinha desde a época da Independência, quando o Brasil fora obrigado a indenizar Portugal e a tomar sete empréstimos da Inglaterra, em um total de 10 milhões de libras esterlinas. Em 1863, o país ainda se via forçado a contratar outros empréstimos para cobrir os juros daquelas despesas iniciais.

PADRINHOS E PAGÃOS

O governo controlava e se metia em tudo. Até 1881, oito anos antes da República, nenhuma sociedade anônima poderia funcionar sem autorização do Conselho de Estado, principal órgão de assessoria do imperador, formado pelos homens mais ricos e influentes do país. O governo central regulamentava e amparava as empresas, locais e estrangeiras, autorizando ou proibindo seu funcionamento, proporcionando subsídios, garantindo juros favorecidos, definindo prioridades e assegurando isenções fiscais.

Um dos resultados dessa presença excessiva do Estado foi, como geralmente acontece, a proliferação do empreguismo público. O Brasil tinha 5,4 funcionários públicos para cada mil habitantes, o dobro dos Estados Unidos, com 2,4 funcionários por mil habitantes. O emprego público representava 70% das despesas do governo em 1889. Cargos na administração eram concedidos em troca de apoios ao governo, que assim formava sua *clientela*.

Os senadores eram vitalícios, nomeados pelo imperador. No ano da Proclamação da República, cinco deles permaneciam no Senado já havia quatro décadas. O barão de Souza Queiroz, mais antigo de todos, fora nomeado em 1848. Ser apadrinhado por um desses senadores era indispensável para obter um empréstimo em banco, emprego público, ou para iniciar uma carreira política. "Quem não tem padrinho morre pagão", ensinava um dito popular em voga na época.

A praga do apadrinhamento refletia-se também no meio intelectual. Os principais poetas e romancistas do Império eram funcionários públicos, incluindo Machado de Assis, José de Alencar, Raul Pompeia e Gonçalves Dias. Era assim que conseguiam estabilidade financeira suficiente para levar adiante suas carreiras literárias — em geral pouco rentáveis. No Brasil imperial, escrever, pintar e compor era um meio de ascensão social, o ingresso para frequentar ambientes e salões da corte até então vetados aos intelectuais, especialmente se fossem negros e mulatos — caso do próprio Machado de Assis.

Escritores, poetas, pintores e compositores eram pagos com bolsas de estudo ou empregos públicos para esculpir nas artes o conceito de nação desejado pelo Império. A condição é que suas obras refletissem o esforço de retratar o país ideal, sem a miséria e a ignorância do país real. O próprio dom Pedro II financiou com seus recursos pessoais os estudos de vários pintores e compositores na Europa. Voltavam com modelos que, às vezes, refletiam o que se fazia na Europa, e não a dura realidade tropical brasileira. O romantismo, fonte na qual bebiam, buscava redescobrir as raízes da nacionalidade brasileira, mas a matéria-prima era europeia. E foi com uma visão do Velho Mundo — buscando o pitoresco, a natureza ainda pura e paradisíaca — que muitos desses artistas contribuíram para a idealização do índio, a essa altura já dizimado em toda a costa brasileira e expulso para regiões mais distantes, onde não poderia causar problemas aos brancos. Os negros e mulatos, estes sim tão presentes na realidade brasileira, eram geralmente ignorados.

Marco desse esforço de construção de um Brasil idealizado foi a criação do Instituto Histórico e Geográfico Brasileiro, o IHGB, em 1838. Inspirado no modelo do Institut Historique, da França, congregava a elite intelectual e econômica da época e tinha como objetivo ser um centro de estudos sobre o país, estimulando a pesquisa histórica, científica e literária. Era financiado pelo governo, que contribuía com 75% de seu orçamento. Dom Pedro II foi sempre um de seus mais assíduos frequentadores. Nascia, dessa forma, a tão controvertida "história oficial", empenhada em esculpir o imaginário nacional com base em vultos e personagens exaltados como heróis nacionais, cujos efeitos até hoje se fazem sentir nos bancos escolares.

Observado pela perspectiva da história oficial, o Brasil do Segundo Reinado seria um modelo de democracia. As eleições aconteciam com regularidade exemplar. Os cinquenta senadores eram escolhidos pelo imperador em uma lista tríplice dos candidatos mais votados em cada província. A Câmara, com 120 deputados, era renovada a cada quatro anos. Os debates no Parlamento eram elegantes e civilizados. Na aparência, tratava-se de uma monarquia constitucional e parlamentarista, regime pelo qual os eleitores escolhem seus representantes e, com base no resultado das urnas, o monarca nomeia o chefe de gabinete encarregado de organizar o ministério.

FRAUDE ELEITORAL

Na prática, era bem diferente. As eleições eram de fachada, pautadas pela fraude e pela perseguição aos opositores. Frequentemente roubadas, as urnas reapareciam mais tarde recheadas de votos que davam vitória confortável ao chefão regional e, às vezes por descuido, somavam mais do que o total de eleitores registrados. Como o voto não era secreto, os coronéis locais vigiavam a escolha de seus protegidos e usavam a polícia para impedir que eleitores da oposição votassem.

Inspirado no modelo europeu, o sistema judicial brasileiro era igualmente exemplar. Pela Constituição, todo cidadão — categoria na qual não estavam incluídos os escravos — tinha direito de recorrer à Justiça para assegurar os seus direitos. O ritual previa amplo direito de defesa dos réus, só passíveis de condenação depois de esgotados todos os recursos. Ninguém podia ser preso sem culpa comprovada. O direito de liberdade de expressão era tão amplo no Brasil quanto nos países mais desenvolvidos. Na prática, a execução da lei dependia mesmo dos chefes locais, que mandavam prender adversários ou soltar aliados de acordo com suas conveniências.

Dois partidos dominaram a cena política do Segundo Reinado, o Liberal e o Conservador. No entanto, era difícil entender as diferenças entre eles. Simplesmente, revezavam-se no poder. Papel igualmente dúbio cabia ao imperador. Pela Constituição de 1824, ele detinha o exercício do chamado Poder Moderador. Invenção brasileira, inspirada nas ideias do pensador franco-suíço Henri-Benjamin Constant de Rebecque, o Poder Moderador se sobrepunha aos demais — Executivo, Legislativo e Judiciário —, arbitrando eventuais divergências entre eles. Era uma tentativa de reconciliar a Monarquia com liberdade, direitos civis e Constituição.

No caso do Brasil, entre as atribuições do imperador estava a faculdade de nomear e demitir livremente os ministros, dissolver a Câmara dos Deputados e convocar novas eleições parlamentares.

Dom Pedro II sempre se empenhou em passar a imagem de um soberano tolerante e magnânimo. Na prática, a Constituição autorizava a dissolução da Câmara dos Deputados somente "nos casos em que o exigir a salvação do Estado". A rigor, nunca houve uma emergência dessa natureza em todo o Segundo Reinado. Mas, valendo-se do Poder Moderador, dom Pedro II dissolveu a Câmara inúmeras vezes, quando desejava, por algum motivo, promover a rotatividade dos partidos no poder. Então, manipulava as eleições e, baseado nelas, formava um novo ministério com a tarefa de atender aos seus propósitos.

O ponto-chave do modelo tinha a ver com quem podia votar e ser votado, representar e ser representado no Império, e quem tinha acesso ao controle dos recursos do Estado. Em resumo, quem mandava e quem era mandado. As primeiras restrições à cidadania apareceram logo nas eleições para a constituinte de 1823, convocadas depois do Grito do Ipiranga. Para ser eleitor, era necessário ser homem, proprietário de terra ou de outro bem de raiz e ter idade mínima de vinte anos. Mulheres, escravos, índios, assalariados, estrangeiros e pessoas que não professassem a religião católica não podiam votar.

A Constituição de 1824 aumentou a restrição de idade para 25 anos e, pela primeira vez, introduziu o critério de renda mínima aos votantes. Para controlar o resultado, as eleições eram indiretas em duas etapas. Na primeira, votava o pequeno eleitorado composto de homens com renda anual líquida de pelo menos 100 mil réis. Cabia a eles escolher um colégio eleitoral mais restrito que, na segunda fase, se encarregaria de apontar deputados, senadores e membros dos conselhos das províncias. A exigência de renda anual mínima para os candidatos a esses postos quadruplicava, de 100 mil para 400 mil réis anuais. Uma lei de 1846 dobrou a renda mínima dos eleitores para 200 mil réis. Era muito, considerando que, nessa época, o salário médio anual em uma província rica, como Minas Gerais, não passava de 144 mil réis.

Somente a reforma eleitoral conduzida em 1881 estabeleceu pela primeira vez o voto direto para as eleições legislativas, acabando a distinção entre votantes e eleitores. Em contrapartida, excluiu os analfabetos. Como resultado, o percentual de votantes, que havia sido de 10,8% do total da população em 1872, caiu para 0,8% em 1886. Havia casos de deputados que se elegiam com pouco mais de uma centena de votos.

Com esse Estado forte e centralizado, o Império conseguiu vencer um primeiro desafio que, na época da Independência, parecia insuperável: a manutenção da integridade territorial e o controle das tensões sociais e regionais, em especial as que envolviam os escravos. No entanto, fracassaria no segundo e maior desafio — construir uma nação capaz de integrar todos os brasileiros. Ou seja, a tarefa da construção da cidadania. A escravidão, o analfabetismo, a concentração de riquezas e a exclusão da imensa maioria da população do processo eleitoral se manteriam como marcas registradas do Império até as vésperas de sua agonia final, em 1889.

Caberia à República enfrentar esse segundo desafio — mas o preço pago seria altíssimo.

CAPÍTULO 6
Dom Pedro II

PEDRO DE ALCÂNTARA JOÃO Carlos Leopoldo Salvador Bibiano Francisco Xavier de Paula Leocádio Miguel Gabriel Rafael Gonzaga de Habsburgo e Bragança, mais conhecido como dom Pedro II, governou o Brasil por 49 anos, três meses e 22 dias. No século XIX, só a rainha Vitória, da Inglaterra, permaneceu mais tempo no trono do que ele, num total de 63 anos, sete meses e dois dias.

Quando assumiu o trono, no dia 23 de julho de 1840, tinha quinze anos incompletos. Ao ser deposto pela República, em 1889, a duas semanas de completar 64 anos, era um senhor de barbas brancas, semblante cansado e muito mais envelhecido do que indicaria a idade real. Sofria de diabetes, dependia de cuidados médicos permanentes e, em algumas ocasiões, nem mesmo tinha forças para se levantar e se vestir sozinho.

Deixava um legado impressionante. De maneira geral, as leis, principalmente a Constituição, foram respeitadas, apesar das crises políticas e dos problemas financeiros. As garantias institucionais tinham muito jogo de aparências, é verdade, mas a nação se mantivera relativamente estável, ao contrário dos vizinhos, dominados por caudilhos e permanentemente às voltas com golpes de Estado e guerras civis.

O ÓRFÃO DA NAÇÃO

Dom Pedro II era um homem tímido, que evitava eventos sociais. À primeira vista, causava boa impressão pelos cabelos aloirados, os olhos muito azuis, a estatura imponente e a barba cerrada, que lhe davam um ar circunspecto. Mas, bastava que abrisse a boca para que a boa imagem inicial desaparecesse: a voz era aflautada, fina e aguda, como em falsete, mais própria de um adolescente em início da puberdade do que de um adulto.

Ao atingir a idade adulta, tinha 1,90 metro de altura e a cabeça grande. Só a voz fina e aguda destoava do conjunto e lembrava uma infância perdida pela orfandade precoce. Em dias de cerimônia, aparecia em meias de seda, deixando à mostra as pernas muito finas, que destoavam do físico avantajado. Sempre que tirava uma fotografia, tinha um livro nas mãos, indicando que, em um país carente de cultura e educação, o soberano era um exemplo a ser seguido.

1889

Até morrer no exílio, na madrugada de 5 de dezembro de 1891, em um modesto apartamento de hotel em Paris, carregou em um só corpo dois personagens distintos. O primeiro foi o ser humano em carne e osso, cuja existência esteve sempre marcada pela tragédia familiar, pela orfandade de pai e mãe, e pela carência afetiva desde muito novo. O segundo foi o mito, sustentáculo de um império do Novo Mundo e de um Brasil que, em determinados momentos, necessitava desesperadamente de um símbolo que o conduzisse ao futuro em meio às ameaças de rupturas de toda ordem. Dom Pedro II incorporou esses dois personagens e com eles conviveu com certa dificuldade, segundo revelam suas cartas, diários e apontamentos nas margens dos livros que leu. Passava a muitos a imagem de um homem triste e infeliz.

Pedro, o homem em carne e osso, nasceu com 47 centímetros na madrugada de 2 de dezembro de 1825. Era o sétimo filho do imperador Pedro I e da imperatriz Leopoldina e o terceiro príncipe homem da dinastia portuguesa dos Bragança a nascer no Brasil. Os dois primeiros, Miguel e João Carlos, morreram ainda recém-nascidos, parecendo confirmar uma antiga maldição que, segundo se dizia, acompanhava a família. Por essa lenda, todos os primogênitos homens da casa real morreriam, sem assumir a coroa — o que de fato aconteceu.

O casamento dos pais já estava desgastado pelo escândalo do romance do imperador com Domitila de Castro Canto e Melo, a marquesa de Santos, quando nasceu o pequeno Pedro de Alcântara. A mãe, Leopoldina, morreria no ano seguinte, maltratada pelo marido e mergulhada em uma crise de depressão e abandono que escandalizou a Europa. Na madrugada de 7 de abril de 1831, enquanto as multidões, nas ruas, exigiam sua renúncia, dom Pedro I deixou o palácio e, logo, o país. Não teve chance de se despedir dos filhos. O menino herdeiro, de cinco anos, trocaria com o pai tristes e saudosas cartas, mas jamais se reencontrariam. Logo passaria a ser chamado de "órfão da nação".

TUTORES

O Brasil vivia uma fase turbulenta, às voltas com as revoluções regionais do período da Regência. A chance de o país se manter unido era mínima. Na falta de qualquer outro elo capaz de assegurar a integridade nacional, coube àquele garoto triste e franzino ser o depositário de todas as esperanças dos brasileiros naquele momento.

Desde a infância, foi prisioneiro do próprio destino. Ao embarcar para a Europa, dom Pedro I nomeara como tutor do filho o santista José Bonifácio de Andrada e Silva, um homem sábio, determinado e experiente, cuja atuação em 1822 lhe valera o título de Patriarca da Independência. A estatura política de Bonifácio, no entanto, era insuportável a uma parte da elite brasileira. Por isso, foi afastado da tutoria em 1833, e preso, acusado de um complô para trazer de volta dom Pedro I. Julgado depois de dois anos, e absolvido, Bonifácio acabou recolhendo-se em exílio voluntário à ilha de Paquetá, na baía de Guanabara, até morrer, em 1838, desiludido com os rumos do país que ajudara a criar.

Segundo tutor de dom Pedro II, o fluminense Manuel Inácio de Andrade Souto Maior Pinto Coelho, marquês de Itanhaém, preparou ao assumir o cargo um detalhado regulamento, que ia do momento de despertar, às sete da manhã, à hora de apagar a luz e dormir, às dez da noite. Esse regulamento deveria ser seguido ao pé da letra por todos os encarregados da educação e da rotina do jovem imperador. Havia médicos assistindo às suas refeições e medindo a temperatura de seu banho. Os empregados estavam proibidos de lhe dirigir a palavra e deveriam responder somente às perguntas do príncipe, evitando conversas sobre assuntos desagradáveis, procurando, de preferência, falar sobre o tempo ou sobre temas científicos. Os deputados supervisionavam a educação do imperador em relatórios periódicos que seus mestres enviavam à Câmara.

Dom Pedro II fez dos idiomas estrangeiros uma de suas paixões. Ao atingir a idade adulta, conseguia se comunicar em seis línguas, além do português: francês, inglês, alemão, italiano, espanhol, provençal. Estudou também grego, latim, hebraico, russo, árabe, sânscrito e tupi-guarani. No navio que o levou ao exílio, em 1889, enquanto o mundo parecia desmoronar ao seu redor, dedicou parte do tempo a traduzir do alemão para o português *A canção do sino*, poema em 426 versos de Friedrich Schiller.

O IMPERADOR DE CARNE E OSSO

Dom Pedro II tinha saúde precária. Como o pai, sofria de epilepsia, síndrome que faz o paciente perder os sentidos e se debater em convulsões. Em outubro de 1834, semanas depois de receber a notícia da morte de dom Pedro I em Portugal, teve "um ataque de febre cerebral" seguida de "frequentes dores no estômago", segundo relatos da época. A recuperação foi lenta e difícil. Alguns chegaram a duvidar que sobrevivesse.

O papel que lhe estava destinado desde a infância fez com que tudo lhe chegasse de forma antecipada, como se precisasse envelhecer às pressas para dar um ar de seriedade ao também jovem país entregue ao seu comando. Para alguns, aparentava modos de um homem de quarenta anos.

A cerimônia de sagração e coroação, realizada em 18 de julho de 1841, durou nove dias, encerrada com um baile de gala para 1.200 convidados no Paço da Cidade. O cetro, de ouro maciço, tinha 1,76 metro, bem maior que a estatura do jovem imperador na época. Na cabeça, a coroa, com altura de dezesseis polegadas, era pesada demais e fora feita especialmente para a ocasião. O imperador reclamou o tempo todo do desconforto que esses aparatos lhe causavam.

Como o monarca não deveria permanecer solteiro, o casamento foi arranjado às pressas e aconteceu em maio de 1843, sete meses antes de ele completar dezoito anos. A noiva, Teresa Cristina Maria, era três anos e nove meses mais velha que dom Pedro II. Irmã do rei de Nápoles e princesa das Duas Sicílias, descendia dos Habsburgo e dos Bourbon, duas das casas imperiais mais importantes da Europa. Os diplomatas brasileiros encarregados da escolha enviaram três imagens da princesa ao imperador. Na que mais lhe chamou a atenção, Teresa Cristina aparecia como uma jovem de traços delicados, o olhar insinuante, os ombros e o busto generoso emoldurados por um colar de pérolas. Ao fundo, a silhueta do vulcão Vesúvio, símbolo de Nápoles. Dom Pedro II aprovou a noiva.

Teresa Cristina Maria

No entanto, ao conhecê-la pessoalmente, em setembro de 1843, levou um susto. Teresa Cristina era feia, baixa, rechonchuda e mancava de uma perna. Tinha braços curtos e mãos gorduchas. O rosto redondo exibia um olhar inexpressivo, no qual se destacava o nariz comprido e pontiagudo. Os cabelos negros e lisos partiam-se ao meio e ficavam presos em forma de coque à moda usada na época pelas matronas italianas. Dom Pedro II declarou que fora enganado. Mas era tarde demais.

O casamento era um complexo negócio de Estado e não poderia ser desfeito. Se dom Pedro II a rejeitou, desde o início, Teresa Cristina, ao contrário, apaixonou-se de imediato pelo marido. Superadas as dificuldades iniciais, dom Pedro II manteve com a imperatriz um relacionamento educado, morno e protocolar, como tudo o que envolvia o seu personagem mito-instituição.

Dos quatro filhos, dois morreram antes de completar dois anos — Afonso, nascido em fevereiro de 1845, e Pedro Afonso, que veio à luz em julho de 1848. Confirmava-se, uma vez mais, a temível maldição dos Bragança. A morte do segundo filho causou um profundo abalo no imperador, que a ele dedicou um soneto repleto de tristeza:

> *Tive o mais funesto dos destinos*
> *Vi-me sem pai, sem mãe na infância linda,*
> *E morrem-me os filhos pequeninos.*

VIDA AMOROSA

Restou a dom Pedro II uma descendência só de mulheres. Isabel, herdeira do trono e futura regente do Império, nasceu em 1846. Leopoldina Teresa nasceu em 1847, mas só viveria até os 23 anos.

Fora do casamento, dom Pedro II teve uma vida amorosa mais movimentada do que faz supor a história oficial, mas, ao contrário do pai, conseguiu manter-se sempre discreto, relativamente protegido da curiosidade pública, preservando a imagem de marido fiel e bem-comportado. Foram muitos romances, mas nenhum se comparou à paixão que ligou dom Pedro II à baiana Luísa Margarida Portugal de Barros, condessa de Barral.

Nove anos mais velha que o imperador, Luísa era uma mulher de meia-idade, estatura mediana, pele morena, nariz bem desenhado e grandes olhos negros. Os cabelos lisos e parcialmente grisalhos lhe davam um ar de experiência e sofisticação. Vestia-se com estilo e demonstrava autoconfiança nas rodas sociais. Além de português, falava francês e inglês com fluência e elegância. Era brasileira de nascimento, mas passara a maior parte de sua vida nos salões europeus. Seu pai, Domingos Borges de Barros, visconde de Pedra Branca, dono de fazendas no Recôncavo Baiano, fora deputado nas cortes portuguesas de Lisboa e primeiro embaixador brasileiro em Paris, depois da Independência.

Em 1837, Luísa casou-se com um nobre francês, Jean Joseph Horace Eugène de Barral, o conde de Barral. Foi dama de honra de dona Francisca, irmã de dom Pedro II e casada com o príncipe de Joinville. Em 1856, o imperador contratou-a para supervisionar a educação das duas filhas, Isabel e Leopoldina. Começava ali uma história de amor que duraria até o fim da Monarquia brasileira e o exílio do imperador na Europa. Quem mais sofreu com isso foi a imperatriz Teresa Cristina, que a detestava, mas, conformada com seu destino de mulher feia e insossa, dissimulou os sentimentos e fez vista grossa à óbvia paixão do marido pela rival baiana.

O imperador e a condessa trocaram centenas de cartas ao longo de mais de duas décadas. Ele recomendava que ela as destruísse, na vã tentativa de impedir que seus segredos fossem revelados. O desejo foi atendido apenas em parte. São conhecidas quase trezentas cartas de dom Pedro II para a condessa e outras noventa dela para ele. É uma correspondência que revela, como nenhum documento ou fonte histórica, a dimensão humana do imperador.

Dom Pedro II e a condessa morreram no mesmo ano, 1891, ela em janeiro, ele em dezembro.

Nos trinta primeiros anos de seu reinado, dom Pedro II viajou bastante pelo território brasileiro, mas nunca se animou a ir para o exterior. Em 1845, quatro anos depois da coroação, esteve no Rio Grande do Sul, em Santa Catarina e em São Paulo (incluindo passagem pelo território do Paraná, que nessa época ainda não havia conquistado sua autonomia). Era uma viagem de grande significado político. O principal alvo era a província do Rio Grande do Sul, que acabara de se reintegrar ao Império ao final de dez anos da Revolução Farroupilha. Dom Pedro II recebeu os cumprimentos de Bento Gonçalves, chefe da revolução.

PEDRO DA MALA

A primeira viagem ao exterior aconteceu em 1871, em roteiro que incluiu Europa e Oriente Médio. Em Lisboa, o escritor Eça de Queiroz, que o conheceu nessa ocasião, o chamou de "Pedro da Mala", em virtude de uma pequena valise de couro escuro que sempre carregava nas viagens, e ficou encantado ao observar a naturalidade com que se relacionava com o povo nas ruas. Na praça da Figueira, misturou-se com as pessoas e comprou, de uma vendedora ambulante, três enormes maçãs que ele próprio levou para o carro e pagou generosamente com meia libra.

Nos documentos oficiais, assinava como "Imperador", mas nas viagens ao exterior e depois do exílio fazia questão de ser chamado de Pedro de Alcântara.

As viagens ao exterior incluíram diversos países europeus, para além de Estados Unidos, Egito, Jerusalém e outras localidades da Ásia Menor.

A paixão pela ciência e pelos livros era um legado da mãe, Leopoldina. Do avô, dom João VI, herdou uma característica muito peculiar da real dinastia de Bragança: o gosto por carne de frango. Dom João VI gostava de franguinhos passados na manteiga, que levava no bolso da algibeira para comer durante os frequentes passeios ao redor do Rio de Janeiro. Mais elegante, o neto Pedro II preferia canja de galinha, e, a exemplo do pai, comia depressa. As reclamações dos convidados eram frequentes. O protocolo da corte previa que, uma vez terminada a refeição, se o imperador se levantasse da mesa, todos os presentes deveriam segui-lo. O problema é que, com muita frequência, isso ocorria no momento em que muitos dos convidados nem sequer tinham começado a comer. Era comum irem embora com fome. Por essa razão, alguns, mais precavidos, almoçavam ou jantavam antes de sair de casa para o encontro com o imperador. Outros saíam do palácio e iam direto para o restaurante mais próximo.

Do pai, dom Pedro II herdou a austeridade no uso do dinheiro público. A dotação da família real, de oitocentos contos por ano, nunca mudou durante todo o Segundo Reinado e acabou corroída pela inflação. No início representava 3% da despesa do governo central. No final, estava reduzida a 0,5%. Para não depender de dinheiro público, recorria a empréstimos dos amigos e aliados. Foram 24 empréstimos no total. Em 1867, mandou descontar 25% de sua dotação orçamentária como contribuição para o esforço de guerra contra o Paraguai. Usava o dinheiro para custear bolsas de estudos no exterior para jovens que julgava talentosos. Ao todo, 151 estudantes obtiveram ajuda de custo do imperador, 41 dos quais para estágios fora do país. Entre eles estavam os pintores Pedro Américo e Almeida Júnior e a carioca Maria Augusta Generoso Estrela, primeira brasileira a obter o diploma em medicina, em 1881 (formada em Nova York, porque até então o ensino superior era proibido para mulheres no Brasil).

O IMPERADOR REPUBLICANO

Dom Pedro II envolvia-se em tudo, ainda que fossem detalhes insignificantes. Em certas ocasiões, demonstrava uma energia e uma dedicação às tarefas que surpreendiam a todos. Em 1857, leu e anotou mais de quatrocentos recortes de jornais que chegavam das províncias com notícias das diversas regiões. Quase levou à loucura Ângelo Muniz da Silva Ferraz, futuro barão de Uruguaiana e então ministro da Guerra, na viagem que fez ao Rio Grande do Sul no começo da Guerra do Paraguai. Com suas marchas forçadas, esgotou os cavalos e a boiada, sem falar nos militares. Numa viagem à Bahia, em 1859, dom Pedro II percorreu trinta cidades do Recôncavo em dez dias, média de três localidades a cada 24 horas.

Um resumo de suas ideias a respeito do Brasil e do exercício da política pode ser observado no documento que deixou por escrito à filha, princesa Isabel, em 1871, ano em que ela assumiu a regência do Império pela primeira vez durante sua viagem à Europa, aconselhando-a desde a prestar atenção na opinião nacional, a ficar atenta ao que se publicava na imprensa e ao que se discutia nas câmaras legislativas das províncias. Recomendava tolerância em relação aos adversários políticos internos. Dizia ainda que o sistema de governo brasileiro seria *da calma e da paciência.*

Cartas e documentos sugerem que, embora fosse o imperador do Brasil, dom Pedro II tinha simpatias republicanas. Em algumas ocasiões, nas quais manifestou opinião a esse respeito, escreveu à sua confidente, a condessa de Barral, que se sentia *desconfortável* como imperador e que preferiria ser um presidente da República temporário. Tão conhecidas eram as inclinações do imperador que, em 1889, ao saber da queda da Monarquia brasileira, o presidente da Venezuela, Rojas Paúl, ironizou:

— Foi-se a única república da América!

CAPÍTULO 7
O século das luzes

EM 1876, A JOVEM República dos Estados Unidos comemorou o primeiro centenário de sua Independência com um evento de encher os olhos. Realizada na cidade de Filadélfia, a "Exposição Internacional de Arte, Manufatura e Produtos do Solo e das Minas" ocupava uma área de 1,2 milhão de metros quadrados, igual à soma de 290 campos de futebol ou quase o tamanho do Parque do Ibirapuera, em São Paulo. Reunia 60 mil expositores de 37 países, distribuídos em 250 pavilhões, e recebeu 9 milhões de visitantes, o equivalente a 20% da população americana na época.

A feira era um símbolo do gênio empreendedor da nova potência industrial emergente da América do Norte. Entre as últimas novidades da ciência e da tecnologia ali exibidas estavam a Remington Number 1, primeira máquina de escrever comercializada por E. Remington & Sons, um modelo de motor a combustão interna que nos anos seguintes Henry Ford usaria para montar seu primeiro automóvel e um sistema automático de envio de mensagens telegráficas desenvolvido por Thomas Edison, inventor da lâmpada elétrica e do fonógrafo (aparelho capaz de reproduzir sons, ancestral do toca-discos, hoje uma antiguidade, mas que volta à moda pelo renascido gosto pelos discos de vinil).

ISSO FALA!

Nesse ambiente de excitação e curiosidade, o professor escocês Alexander Graham Bell, de 29 anos, sentia-se frustrado. Trazia de Boston, cidade em que morava, uma engenhoca chamada provisoriamente de "novo aparato acionado pela voz humana". Ao chegar a Filadélfia, deu-se conta de que a organização da feira lhe destinara uma pequena mesa de madeira escondida no fundo de um corredor distante. Era um espaço pouco frequentado pelos visitantes e fora do roteiro dos juízes encarregados de avaliar e premiar as invenções. Como se inscrevera na última hora, seu nome nem sequer aparecia na programação oficial da exposição. A chance de que alguém visse o seu invento era mínima.

Tudo isso mudou devido a uma extraordinária coincidência.

Em certo final de tarde, o acabrunhado Graham Bell observava à distância, no pavilhão central da feira, os juízes se preparando para ir embora sem ter passado pelo local em que exibia seu novo aparelho. De repente, uma voz fina e esganiçada chamou-o:

— Mister Graham Bell?

Ao se virar, deparou-se com um senhor de barbas brancas e olhos muito azuis. Usava roupas escuras, cartola e bengala. Era o imperador do Brasil, dom Pedro II. Os dois haviam se conhecido semanas antes, em Boston, onde Graham Bell criara uma escola para surdos-mudos, assunto de grande interesse do soberano. O imperador lhe pedira para assistir a uma das aulas e ficara impressionado com os métodos utilizados pelo jovem escocês. Depois, acompanhado de numerosa comitiva, havia seguido viagem para Filadélfia, onde participara da cerimônia de abertura da exposição ao lado do presidente americano, Ulysses Grant.

Primeiro monarca a visitar os Estados Unidos, era a maior celebridade internacional convidada para o evento. Nos três meses anteriores, passara por diversas regiões do país, sempre tratado com deferência e admiração. Sua presença, destacada quase que diariamente nos jornais, atraía multidões de jornalistas e curiosos, exigindo às vezes intervenção da polícia para evitar tumultos. Ao se reencontrar casualmente com Graham Bell no saguão da feira, estava acompanhando os juízes, como convidado de honra, no trabalho de avaliação dos inventos.

A cena que se seguiu é hoje parte dos grandes momentos da história da ciência. Escoltado pelo imperador do Brasil, por um batalhão de repórteres e fotógrafos e pelos juízes, que, àquela altura, haviam desistido de ir embora, Graham Bell dirigiu-se ao obscuro local em que haviam confinado a sua aparelhagem. Ao chegar lá, pediu que dom Pedro II se postasse a uma distância de cerca de cem metros e mantivesse junto aos ouvidos uma pequena concha metálica conectada a um fio de cobre. No extremo oposto da fiação, pronunciou as seguintes palavras, retiradas da peça *Hamlet*, de William Shakespeare:

— *To be or not to be* (Ser ou não ser).

— Meu Deus, isso fala! — exclamou dom Pedro II. — Eu escuto! Eu escuto!

Em seguida, pulando da cadeira, correu ao encontro de Graham Bell para cumprimentá-lo pela proeza.

Mais tarde rebatizado de *telefone*, o invento seria considerado a maior de todas as novidades apresentadas na Exposição Universal de Filadélfia. Foi também um dos marcos mais importantes do século XIX, chamado de "Século das Luzes" por causa de uma série de inovações científicas e tecnológicas que mudaram de forma radical a vida das pessoas. Elas afetaram praticamente todas as atividades humanas, mas tiveram especial impacto nas áreas de transporte e comunicação. Seus efeitos podem ser observados ainda hoje na maneira como as pessoas viajam, estudam, trabalham e se divertem.

CELEBRIDADES DO SÉCULO

Para ter uma noção da importância do século XIX, basta ver a impressionante galeria de pensadores, inventores, cientistas, artistas e revolucionários que viveram nessa época. Alguns exemplos:

Na ciência e na tecnologia, Robert Fulton, Michael Faraday, Jean-Baptiste Lamarck, Pierre Laplace, Charles Darwin, Alexander Graham Bell, Thomas Edison, Karl Benz, Gottlieb Daimler, irmãos Auguste e Louis Lumière, Louis Pasteur, Sigmund Freud, Max Planck.

Na literatura, Johann Wolfgang von Goethe, Stendhal, Mary Shelley, irmãos Jacob e Wilhelm Grimm, Jane Austen, Leon Tolstói, Fiódor Dostoiévski, Alexandre Dumas, Victor Hugo, Honoré de Balzac, Gustave Flaubert, Charles Dickens, Edgar Allan Poe, Robert Louis Stevenson, Júlio Verne, Mark Twain, Henry James, Oscar Wilde, Walt Whitman.

Na pintura, Francisco de Goya, John Constable, Édouard Manet, Claude Monet, Eugène Delacroix, Edgar Degas, Jean-Auguste Ingres, Pierre-Auguste Renoir, Paul Cézanne, Camille Pissarro, Edvard Munch, Vincent van Gogh.

Na música, Ludwig van Beethoven, Joseph Haydn, Franz Schubert, Gioachino Rossini, Niccolò Paganini, Richard Wagner, Frédéric Chopin, Giuseppe Verdi, Robert Schumann, Hector Berlioz, Georges Bizet, Franz Liszt, Johannes Brahms, Piotr Tchaikovsky, Claude Debussy.

Na filosofia, Friedrich Nietzsche, Georg Friedrich Hegel, Auguste Comte, Herbert Spencer, Karl Marx, Friedrich Engels.

VENDAVAIS DE TRANSFORMAÇÃO

Ocorre que o vendaval transformador já vinha sendo anunciado desde o século anterior. A Revolução Industrial, na Inglaterra, havia transformado por completo os meios de produção. Graças ao uso da tecnologia do vapor, as fábricas inglesas passaram a produzir bens e mercadorias numa escala até então nunca vista. A Independência dos Estados Unidos, em 1776, criara a primeira democracia republicana da história moderna e servira de inspiração para a Revolução Francesa de 1789. Até então, com raras exceções, os países eram governados por reis e imperadores, que reivindicavam direitos divinos para dirigir os destinos dos povos. No novo regime, a população era chamada a participar da condução das coisas públicas. "Todo poder emana do povo e em seu nome deve ser exercido", era o seu lema. Na França, os revolucionários haviam proclamado a Declaração Universal dos Direitos do Homem, segundo a qual todas as pessoas nascem livres e iguais em dignidade e direitos.

Reivindicava-se a redistribuição das riquezas e dos privilégios na sociedade, incluindo a propriedade da terra e dos meios de produção. No campo, agricultores pobres passaram a defender a reforma agrária. Nas cidades, a burguesia — camada da população que havia enriquecido no comércio e em outras atividades, mas não tinha título de nobreza — passou a exigir que o pagamento de impostos estivesse condicionado ao direito de voz e voto. Nas fábricas, operários exigiam melhores salários e condições de trabalho, além da prerrogativa de se organizar em sindicatos e, eventualmente, de entrar em greve na defesa de seus interesses. "Proletários do mundo, uni-vos", conclamava o alemão Karl Marx no Manifesto Comunista de 1848.

O Brasil, obviamente, sofria o impacto de todas essas transformações, embora chegassem ao país sempre com certo atraso. Um exemplo disso havia sido a própria Independência, em 1822, precipitada pelas guerras napoleônicas na Europa. A invasão de Portugal pelas tropas francesas forçara a corte do príncipe regente dom João VI a fugir para o Rio de Janeiro, em 1808, iniciando um processo irreversível que levaria à ruptura dos vínculos entre colônia e metrópole catorze anos mais tarde.

Nas décadas seguintes, ferrovias, serviços de iluminação pública, redes de cabos telegráficos e telefônicos, jornais diários e serviços postais organizados, entre outras novidades, haviam ampliado em muito a capacidade de movimentação de pessoas e informações. Às vésperas da Proclamação da República, novos meios de produção, transporte e comércio tinham mudado o regime de trabalho e as relações sociais. Jovens oficiais do Exército, abolicionistas, professores e advogados, jornalistas, escritores e intelectuais que ajudaram a derrubar a Monarquia brasileira estavam profundamente influenciados por ideias desenvolvidas, discutidas e às vezes testadas ao custo de muito sangue e sacrifício em outros países em uma série de eventos decisivos na história da humanidade.

O imperador acompanhava de perto a discussão das ideias e o ritmo das invenções que modificavam a face do planeta. O telefone, encomendado por ele pessoalmente a Graham Bell enquanto viajava pelos Estados Unidos, chegou ao Rio de Janeiro quatro anos mais tarde — antes ainda de ser adotado em alguns países europeus supostamente mais desenvolvidos que o Brasil. O país foi dos primeiros em que se popularizou a fotografia. Dom Pedro II era chamado de "primeiro soberano-fotógrafo" do mundo. Sua vida e seu reinado foram documentados em detalhes pela nova tecnologia desenvolvida em 1839 pelo francês Mandé Daguerre.

VICTOR HUGO

Em suas viagens ao exterior, dom Pedro II conheceu inúmeras celebridades internacionais com as quais se correspondeu até o fim da vida. Um exemplo da devoção e do respeito que dedicava aos intelectuais e às ideias do século XIX foi seu encontro com Victor Hugo, em 1877, em Paris. Aos 75 anos, autor de algumas das obras mais importantes da literatura universal, como o romance *Os miseráveis*, Victor Hugo era a maior celebridade da França na época. Havia se convertido em ativista político radical, senador da esquerda republicana, e detestava regimes monárquicos.

Ele e dom Pedro II estavam em lados opostos da política. Um encontro entre os dois, se fosse divulgado, poderia gerar falatório constrangedor para ambos. Dom Pedro II ignorou todas as ponderações e decidiu procurar Victor Hugo, a quem admirava profundamente. Por intermédio da embaixada brasileira, convidou o escritor a visitá-lo no hotel em que estava hospedado em Paris. A resposta veio seca e dura: "Victor Hugo não vai à casa de ninguém...". Depois de mais duas tentativas e duas recusas, dom Pedro II decidiu ir pessoalmente, e sozinho, ao apartamento do escritor, situado no quarto andar de um prédio da rue de Clichy, 21, no centro da capital francesa.

Sem avisá-lo, bateu à sua porta na manhã de 22 de maio. A surpresa desarmou o grande escritor, que recebeu o ilustre visitante e se tornou amigo e admirador dele pelo resto da vida. O primeiro encontro durou várias horas. Dois dias mais tarde, foi a vez de Victor Hugo ir vê-lo no hotel.

1889

O MUNDO ENCOLHE

Navios a vapor, locomotivas, telégrafo e telefone encolheram o mundo no século XIX em uma escala jamais imaginada. Até então os seres humanos se moviam a pé, a cavalo, em carruagens, barcos a remo ou navios a vela. Essencialmente, eram os mesmos meios de transporte usados nos 10 mil anos anteriores, desde o estabelecimento da agricultura e o surgimento das primeiras cidades na região da Mesopotâmia. Em 1900, as pessoas viajavam de trem, navios a vapor, automóveis movidos a motor de combustão interna. Inaugurado nesse ano, o metrô subterrâneo de Paris transportaria 15 milhões de pessoas nos primeiros doze meses de operações. Três anos depois, uma nova e revolucionária forma de transporte entraria em cena, o avião, desenvolvido quase simultaneamente nos Estados Unidos pelos irmãos Orville e Wilbur Wright e, na França, pelo brasileiro Alberto Santos Dumont.

Em 1800, uma viagem oceânica entre a Inglaterra e a Índia, contornando o cabo da Boa Esperança, no sul da África, demorava sete meses. No final do século, graças aos navios a vapor inventados em 1807 pelo americano Robert Fulton e à abertura do canal de Suez, no mar Vermelho, em 1869, esse tempo havia se reduzido para apenas duas semanas.

Navio lança cabos submarinos

Nos meios de comunicação, o impacto das novas tecnologias foi ainda maior. No começo do século XIX, cartas e notícias viajavam na mesma velocidade das pessoas, a pé ou transportadas em lombos de cavalos, carroças e navios. Uma correspondência despachada de Lisboa demorava dois meses para chegar ao Rio de Janeiro. Impressoras mecânicas a vapor, telégrafo e telefone mudaram tudo. A informação, que antes viajava por terra ou por mar, agora era transmitida de maneira instantânea na forma de sinais elétricos por cabos metálicos.

Em 1880, apenas 43 anos depois da invenção do telégrafo pelos ingleses William Fothergill Cooke e Charles Wheatstone, o planeta já era coberto por uma rede de cabos submarinos de 156 mil quilômetros, conectando lugares tão distantes quanto Inglaterra, Canadá, Índia, Brasil, África e Austrália.

O gasto com a produção de jornais e livros caiu bastante, graças a processos industriais mais eficientes. Com isso, o número de leitores se ampliou. Na Inglaterra, uma em cada vinte pessoas lia jornais dominicais em 1850. Meio século mais tarde, em 1900, o número era de uma em três. Em 1814, o jornal *Times*, de Londres, começou a ser rodado em impressoras movidas a vapor. Em 1850, Julius Reuter criou a primeira agência noticiosa do mundo, capaz de suprir jornais de diferentes países com informações atualizadas diariamente. Em 1870, os próprios jornalistas já eram capazes de transmitir suas reportagens por telégrafo, criando uma nova categoria de profissionais, os chamados repórteres correspondentes ou enviados especiais, que trabalhavam longe das redações, muitas vezes acompanhando o desenrolar de uma guerra nas frentes de batalha. Nos anos seguintes, passariam a incorporar o telefone e a fotografia à sua rotina de trabalho.

NOVOS LEITORES, NOVAS MUDANÇAS

O impacto político do uso da informação e do conhecimento foi imediato. Novos leitores, mais bem informados, passaram a pressionar mais os governos. O século XIX viu nascer uma longa lista de ideologias caracterizadas pelo sufixo "ismo", como liberalismo e capitalismo, socialismo e comunismo, nacionalismo e imperialismo. Cada uma delas propunha um novo modelo de sociedade e caminhos diferentes para atingi-lo. As grandes ideologias do século XIX tinham em comum a noção de que era possível reformar as sociedades e o Estado para acelerar o progresso humano rumo a uma era de maior prosperidade e felicidade geral.

Avanços no saneamento e na medicina deram contribuição decisiva na ocupação de novos territórios. Com a descoberta da quinina, substância usada para prevenir e tratar a malária, as potências europeias conseguiram pela primeira vez adentrar os rios africanos e fatiar o continente entre si. O império britânico estendeu seus domínios por todo o planeta, a ponto de se orgulhar de que, sob sua bandeira, o sol jamais se punha. Na virada para o século XX, aproximadamente 444 milhões de pessoas, um quarto da população do planeta, eram súditos diretos ou indiretos da rainha Vitória.

Acreditava-se que a ciência e a tecnologia seriam capazes de conduzir os seres humanos a um novo patamar de desenvolvimento. Dizia-se que o obscurantismo, a ignorância e a superstição haviam ficado para trás, sepultados pelo uso da razão como instrumento infalível para explicar os fenômenos da natureza e também o funcionamento da sociedade.

"Deus está morto", concluía o filósofo alemão Friedrich Nietzsche no seu clássico *Assim falou Zaratustra*. O francês Auguste Comte sustentava que a observação dos fenômenos sociais, em especial pela lente da História, e o cuidadoso planejamento das ações levariam necessariamente a um futuro melhor. O século XX — marcado por duas grandes guerras mundiais, pelo uso da bomba atômica em Hiroshima e Nagasaki e por uma sequência inacreditável de genocídios — acabaria por desmentir boa parte dessas crenças. No final do século XIX, porém, pareciam inevitáveis.

CHARLES DARWIN

Em 1859, Charles Darwin publicou um livro revolucionário e de título longo: *Sobre a origem das espécies por meio da seleção natural ou a preservação das raças favorecidas na disputa pela vida*. No estudo, baseado em viagens por diversos continentes e em pesquisas de laboratório, Darwin argumentava que todas as espécies de vida existentes no planeta haviam evoluído de formas anteriores, por meio de um processo de seleção natural, incluindo os próprios seres humanos, que, segundo o naturalista inglês, teriam evoluído a partir de um ancestral comum com os macacos.

O livro produziu uma onda de choque porque colocava em xeque um dogma religioso importante. Segundo a *Bíblia*, Deus te-

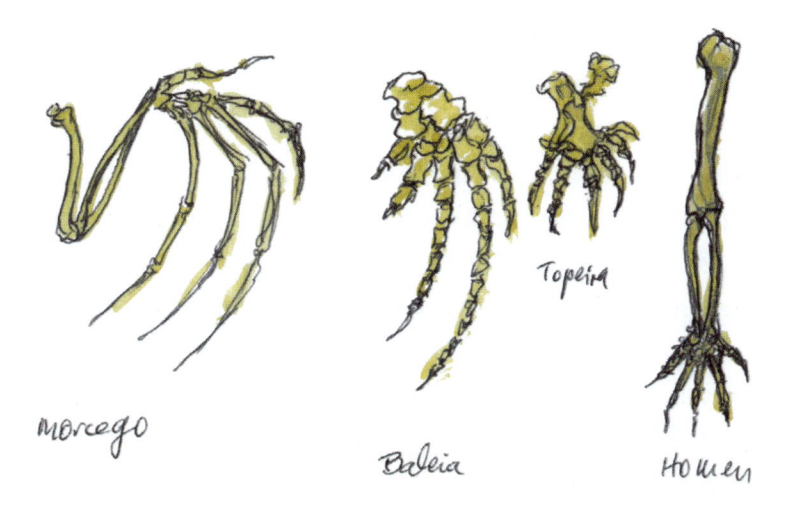

Teoria da Evolução: seres vivos em permanente mutação

ria criado o Universo, a Terra e todos os seres vivos em seis dias, incluindo o homem e a mulher. Sendo produto da sabedoria divina, as formas de vida já teriam surgido como as vemos hoje, e seriam necessariamente perfeitas e imutáveis. Darwin, ele próprio um protestante às voltas com crises de consciência por causa de suas descobertas, sustentava o contrário: todos os seres vivos estariam em permanente mutação, sujeitos a um processo de seleção natural que dependeria de tentativas, erros e acertos.

O impacto da teoria de Darwin não ficou restrito ao campo da biologia. Na filosofia, na política e na economia, pensadores como Herbert Spencer e Karl Marx acreditavam que as premissas da evolução pela seleção natural eram aplicáveis também às sociedades e às atividades econômicas. E isso parecia lógico numa época em que, graças às revoluções industriais, científicas e tecnológicas, as sociedades estavam em rápido processo de transformação.

Durante o século xix, a população do continente europeu saltou de 205 milhões em 1800 para 414 milhões, sem contar outros 38 milhões que emigraram para outras partes do mundo, entre elas Brasil e Estados Unidos. Cidades como Londres, Paris, São Petersburgo e Berlim dobraram ou até triplicaram de tamanho em apenas cinquenta anos.

A maior concentração urbana significou transformação política. Pessoas que antes viviam isoladas no campo, a quilômetros de distância umas das outras, agora frequentavam os mesmos ambientes, participavam de festas públicas, encontravam-se em cultos religiosos semanais. Operários empregados em linhas de produção industrial podiam se reunir no final do expediente para discutir e reagir ao que julgavam injustiça dos chefes e patrões. Por vezes, decidiam paralisar a fábrica em defesa de suas reivindicações. O resultado foi a eclosão do movimento operário e dos sindicatos com poder político até então nunca visto.

MASSAS ANÔNIMAS E PERIGOSAS

A urbanização acelerada criou o que alguns observadores chamaram de "massas anônimas e perigosas", matéria-prima para rebeliões repentinas e anárquicas que pareciam fugir a qualquer tipo de controle das instituições. Foi o caso da Comuna de Paris, a maior revolução popular do século, entre os dias 18 de março e 28 de maio de 1871, na qual, em número estimado, 20 mil pessoas foram executadas de forma sumária nos subúrbios da capital francesa.

Em 1866, ao contemplar o panorama devastador das transformações ocorridas na história da humanidade ao longo das décadas anteriores, o escritor russo Fiódor Dostoiévski resumiu suas conclusões na história do criminoso Rodion Raskólnikov, protagonista de seu romance mais famoso, *Crime e castigo*. No início do livro, Raskólnikov, um ex-estudante pobre da cidade de São Petersburgo, mata de forma inescrupulosa uma velha agiota, proprietária de uma casa de penhores. E o faz por duas razões. A primeira é roubar o dinheiro dela e usá-lo para realizar boas obras como contrapartida para o crime pavoroso que cometera. A segunda, testar a hipótese de que algumas pessoas seriam naturalmente capazes de praticar esse tipo de atrocidade sem sofrer grandes dilemas de consciência. Trata-se, portanto, de um personagem símbolo de um século em que, graças ao suposto avanço das ciências e das ideias políticas, os seres humanos julgavam-se no pleno controle de seus atos, inclusive para matar.

Na parte final do romance, já preso e condenado pela justiça, Raskólnikov tem um sonho, no qual ele se vê como parte de um mundo que sofre "um flagelo terrível e sem precedentes": "Aldeias, cidades, povos inteiros eram atacados por aquela moléstia e perdiam a razão. (...) Ninguém se entendia sobre o bem e sobre o mal, nem sabia quem se havia de condenar e quem se havia de absolver. Matavam-se uns aos outros, movidos por uma cólera absurda. (...) Abandonaram os ofícios mais corriqueiros, porque cada um propunha a sua ideia, as suas reformas, e nunca havia acordo. A agricultura também foi abandonada. Aqui e acolá homens reuniam-se em grupos, combinavam uma ação em comum, juravam não se separar — mas um instante depois começavam a fazer outra coisa inteiramente diferente daquela que acabaram de acordar, punham-se a acusar-se uns aos outros, a bater-se, a apunhalar-se. Houve incêndios e fome. Homens e coisas pereciam. O flagelo estendia-se cada vez mais. No mundo inteiro só podiam salvar-se alguns homens, predestinados a refazer o gênero humano, a renovar a terra, mas ninguém via esses homens em parte alguma, ninguém ouvia as suas palavras".[1]

Dificilmente poderia haver melhor descrição do turbulento século XIX. E foi esse o clima em que se deu a Proclamação da República no Brasil. Nos próximos capítulos, vamos ver os antecedentes mais próximos do Quinze de Novembro: os principais episódios e os personagens da Abolição, da campanha republicana e da chamada Questão Militar, responsável direta pela derrubada da Monarquia no país.

---

[1] Fiódor Dostoiévski, *Crime e castigo*, tradução de Paulo Bezerra, Editora 34, 2001 (1ª edição) e 2009 (6ª edição), 568 páginas.

CAPÍTULO 8
Os republicanos

UMA DEMORADA E RUIDOSA salva de palmas acolheu o advogado Antônio da Silva Jardim no plenário da Câmara Municipal de Campinas, interior de São Paulo, na noite de 26 de fevereiro de 1888. O orador acabara de chegar de Santos, onde morava, e trazia uma mensagem radical para a plateia ali reunida: a execução sumária de membros da família imperial brasileira que eventualmente resistissem à troca da Monarquia pelo regime republicano. Na opinião de Silva Jardim, os republicanos deveriam aproveitar o ano seguinte, primeiro centenário da Revolução Francesa, para instalar o novo regime. À família imperial seriam dadas duas opções. A primeira, o exílio, na Europa de preferência. A segunda, em caso de resistência, morte em praça pública em nome dos interesses nacionais. Lembrava que, em 1789, os revolucionários parisienses haviam executado na guilhotina o rei Luís XVI e a rainha Maria Antonieta, entre outros nobres franceses.

O REPUBLICANO INCENDIÁRIO

— Execução? Sim, execução! — afirmou Silva naquela noite, o olhar fixo na plateia. — Matar, sim, se tanto for preciso; matar!

O inflamado discurso de Silva Jardim era parte da propaganda republicana, que àquela altura empolgava os brasileiros mais bem informados e moradores dos grandes centros urbanos. Em 1889, havia clubes e jornais republicanos pregando abertamente a derrubada da Monarquia. Os jornais mais importantes causavam grande repercussão na corte, como a *Gazeta de Notícias*, dirigida por Ferreira de Araújo, o *Diário de Notícias*, que tinha Rui Barbosa como colaborador, e *O País*, de Quintino Bocaiúva. Nos pasquins e publicações satíricas, o imperador Pedro II era chamado de "Pedro Banana" ou "Pedro Caju". A pena demolidora do baiano Rui Barbosa se referia ao soberano como "figura decadente de velho coroado" e à Monarquia como "coisa senil, gangrenosa, contagiosa, que apodrecia no Brasil".

Antônio da Silva Jardim era o mais radical de todos os propagandistas republicanos. Nascera em uma localidade do estado do Rio de Janeiro, Vila de Capivari, formou-se pela Escola de Direito de São Paulo e era casado na cidade de Santos com uma sobrinha-neta de José Bonifácio de Andrade e Silva, o Patriarca da Independência. Nos meses que antecederam a queda da Monarquia, percorreu diversas regiões do Brasil fazendo discursos incendiários. Muitas vezes, enfrentou ambientes hostis. Na cidade fluminense de Paraíba do Sul, reduto dos barões do café na região do Vale do Paraíba, falou sob uma chuva de pedras disparadas da rua por adeptos do regime monárquico. Em outra ocasião, no Rio de Janeiro, teve de interromper o discurso ao ser atacado pela Guarda Negra, a milícia organizada pelo abolicionista José do Patrocínio e composta de escravos libertos simpatizantes da princesa Isabel, herdeira do trono.

Nem todos os republicanos eram tão radicais quanto Silva Jardim. Alguns, mais moderados, como o jornalista Quintino Bocaiúva, preferiam até esperar a morte do idoso imperador Pedro II para, só então, fazer a troca de regime. Outros, como o professor e tenente-coronel Benjamin Constant, achavam que a revolução teria de acontecer o mais rapidamente possível, porém, nesse caso, a família imperial deveria ser tratada com todo o respeito. Alguns, como o paulista Campos Salles, acreditavam que seria possível chegar à República pelas urnas, convencendo os eleitores paulatinamente de que o novo regime era a melhor opção ao estágio de desenvolvimento do país e a mais adequada aos novos ventos libertários que sopravam da Europa e dos Estados Unidos. Outros, ainda, discordavam frontalmente dessa alternativa por acreditar que o corrompido sistema eleitoral do Império jamais permitiria o acesso dos republicanos ao poder em eleições regulares. A solução, portanto, deveria ser revolucionária. Era o caso do gaúcho Júlio Prates de Castilhos, do paraense Lauro Nina Sodré e Silva e do próprio Silva Jardim.

Até então, o Brasil havia sido governado sempre sob o regime monárquico, no qual todo poder emanava do soberano e em seu nome era exercido. Foram 322 anos de administração da coroa portuguesa, durante o período colonial — do Descobrimento, em 1500, até a Independência, em 1822 —, mais 67 anos do Primeiro e do Segundo Reinados.

RES PUBLICA

Os republicanos defendiam uma mudança radical nesse sistema. A palavra "república" vem do latim *Res Publica*, expressão usada para designar a coisa pública, ou seja, os bens coletivos ou os recursos do Estado. Sob o regime republicano, o poder seria exercido por representantes eleitos pelo povo com vistas a servir ao interesse comum, ou seja, à coisa pública.

O país tinha uma história republicana significativa, embora trágica. Alguns mártires que hoje figuram no panteão dos heróis nacionais, como o mineiro Joaquim José da Silva Xavier, o Tiradentes, enforcado na Conjuração Mineira de 1789, e o pernambucano Joaquim do Amor Divino Rabelo, o frei Caneca, fuzilado na Confederação do Equador de 1824, morreram defendendo o sonho de fazer do Brasil uma República semelhante aos seus vizinhos do continente americano. Outras revoltas do século XIX tiveram inspiração semelhante.

Na Independência, era esse o projeto de Brasil defendido pelas correntes mais radicais da maçonaria. Havia quem considerasse a Monarquia como uma solução transitória, para facilitar o rompimento com Portugal. Depois, o país deveria caminhar rapidamente para a República.

A campanha não chegava a ameaçar, de fato, as instituições da Monarquia. A rachadura do edifício imperial aconteceu mais por um episódio de inabilidade política do imperador dom Pedro II. Em julho de 1868, o monarca insistiu em nomear um ministério dominado pelos conservadores, desprezando a opinião da maioria liberal na Câmara dos Deputados. Era uma forma de prestigiar o duque de Caxias, líder do Partido Conservador no Rio Grande do Sul e àquela altura personagem fundamental na condução da Guerra do Paraguai. Isso representou uma mudança drástica no ritual de poder do Segundo Reinado, no qual o ministério refletia sempre a composição da Câmara.

Os liberais divulgaram um manifesto em que acusavam o soberano de promover um "golpe de Estado". Dois anos mais tarde, alguns deles deixariam o Partido Liberal para aderir à causa republicana, que, a partir daí, ganharia um vigor até então nunca visto.

O dia 3 de novembro de 1870 é considerado pelos historiadores como o marco do início da jornada política que levaria à queda do Império duas décadas depois. Nessa data foi criado no Rio de Janeiro o primeiro clube republicano do Brasil. Dele faziam parte, entre outros, os jornalistas Quintino Bocaiúva, Rangel Pestana e Aristides da Silveira Lobo, e o médico José Lopes da Silva Trovão. Quase todos dissidentes do Partido Liberal, ainda magoados com a atitude tomada por dom Pedro II em 1868.

Na reunião inaugural do clube, foram tomadas três decisões: a redação de um manifesto à nação, a criação de um partido republicano e o lançamento de um jornal que expressaria as ideias do grupo. O manifesto foi publicado em 3 de dezembro de 1870, no primeiro número de *A República*, jornal de quatro páginas com tiragem de 2 mil exemplares e três edições por semana. O texto terminava com uma frase emblemática:

Somos da América e queremos ser americanos.

O Manifesto Republicano conquistou 58 assinaturas. A repercussão foi tímida. O próprio dom Pedro II, ao saber da notícia, não lhe deu importância e comentou: "Ora, se os brasileiros não me quiserem para seu imperador, irei ser professor".

ITU

Nos dois anos seguintes, foram lançados 21 jornais republicanos em todo o país. Coube a Itu, no interior de São Paulo, ser o berço do mais bem organizado movimento republicano brasileiro. Nessa cidade aconteceu, em 1873, a Convenção de Itu, marco da fundação do Partido Republicano Paulista (PRP), cuja atuação seria decisiva na queda do Império, em 1889, e principalmente na consolidação do novo regime nos anos seguintes.

A escolha de Itu deveu-se também a outro fator fundamental. Situada a cerca de cem quilômetros de São Paulo, a cidade refletia, no final do século, as profundas mudanças ocorridas na economia cafeeira nos anos anteriores. O café continuava sendo a principal riqueza brasileira. Mas, o eixo da produção havia se deslocado rapidamente do Vale do Paraíba para as terras férteis da nova fronteira agrícola do oeste paulista, região dominada por fazendeiros republicanos.

O contraste entre a moderna lavoura cafeeira do oeste paulista e as decadentes propriedades escravagistas do Vale do Paraíba era marcante. O cultivo do café no Vale do Paraíba pautava-se em técnicas rudimentares. A produtividade era baixíssima. A abundância de terra e mão de obra escrava desobrigava os barões a realizar investimentos para melhorar as técnicas de produção. Assim, nos anos derradeiros do Império, cerca de setecentas dessas antigas fazendas, com um total de 35 mil escravos, estavam hipotecadas ao Banco do Brasil. Seus donos estavam quebrados.

Situação bem diferente era a das novas fazendas do oeste paulista. Embora ainda usassem mão de obra cativa, os cafeicultores dessa região foram pioneiros na substituição dos escravos pelo trabalho assalariado de imigrantes europeus, além de outras inovações em todas as etapas da produção cafeeira. Máquinas modernas realizavam sozinhas a tarefa que, antes, exigia o trabalho de até noventa escravos. Além do aumento da produtividade média das fazendas, passaram a ter melhor qualidade e preço mais baixo que os de seus concorrentes do Vale do Paraíba.

A nova fronteira agrícola injetou ideias e reivindicações políticas na elite cafeeira do Brasil. Para eles, a Monarquia já não se encaixava no modelo de país que almejavam. A solução tinha de vir da República. Em 1875, era lançado *A Província de S. Paulo*, jornal que, mais tarde rebatizado com o nome de *O Estado de*

S. Paulo, marcaria profundamente, até hoje, a história da imprensa brasileira. Defendia a descentralização completa do Estado brasileiro, liberdade de ensino e aprendizagem obrigatória, separação entre Igreja e Estado, casamento e registro civil de nascimentos e mortes, secularização dos cemitérios, senado temporário e eletivo, eleição direta sobre bases democráticas e, como meta particularmente desejada pelos paulistas, presidentes de províncias eleitos pelas próprias populações locais.

OS SEM-VOTO

Nos anos que se seguiram à divulgação de seu primeiro manifesto no Rio de Janeiro e à Convenção de Itu, os republicanos brasileiros enfrentaram um dilema que se revelaria insuperável. Era a escassez de votos. Apesar de o público reagir com entusiasmo nas conferências de Silva Jardim, e dos artigos inflamados na imprensa, a campanha republicana não encontrava eco nas urnas.

Obviamente, parte disso se devia aos vícios do sistema eleitoral do Império. Mas isso era apenas parte do problema. Mesmo em cidades maiores, como Rio de Janeiro e São Paulo, supostamente menos vulneráveis à manipulação dos coronéis da Monarquia, os resultados eleitorais dos republicanos foram medíocres ao longo de duas décadas. Da lista de derrotados constavam figurões republicanos, como Campos Salles, Prudente de Morais, Júlio de Mesquita, Francisco Glicério, Aristides Lobo e Lopes Trovão.

Os republicanos estavam divididos e desorganizados. Só em maio de 1889, quase vinte anos depois da publicação do Manifesto de 1870 e seis meses antes do Quinze de Novembro, conseguiram eleger o primeiro presidente nacional do partido, o jornalista Quintino Bocaiúva. Ainda assim, com a deserção de

Silva Jardim e seus aliados, que julgavam Bocaiúva excessivamente moderado.

As maiores divergências relacionavam-se à fórmula de república a ser implantada no Brasil e ao caminho para chegar a ela. Os cafeicultores do oeste paulista e parte dos jornalistas, professores, advogados e intelectuais do Rio de Janeiro, autores do Manifesto Republicano de 1870, sonhavam com uma democracia liberal e federalista, semelhante à dos Estados Unidos, com sufrágio universal e liberdade de expressão, que resguardasse, porém, os direitos de propriedade e o livre-comércio.

Na ala mais radical dos civis, representada por Silva Jardim e Lopes Trovão, estavam os chamados jacobinos, admiradores da Revolução Francesa e defensores da instalação da República mediante insurreição popular nas ruas e da execução da família imperial. Um terceiro grupo era formado pelos positivistas, seguidores da doutrina do filósofo francês Auguste Comte, que pregavam a instalação de uma ditadura republicana. Essa corrente tinha grande influência no meio militar, na qual se destacava o professor e tenente-coronel Benjamin Constant, líder da chamada "mocidade militar".

Outro foco de divergências estava relacionado à escravidão, o maior de todos os problemas brasileiros na época. No Manifesto de 1870 e no documento aprovado na Convenção de Itu, os republicanos passaram ao largo do tema. A abolição da escravatura, diziam os fazendeiros paulistas, deveria ser tratada "mais ou menos lentamente" pelas províncias, de acordo com as possibilidades de substituição do escravo pela mão de obra livre e com o "respeito aos direitos adquiridos". A resolução de Itu foi aprovada contra um único voto, o do advogado abolicionista Luís Gonzaga Pinto da Gama, que protestou contra "as concessões feitas à opressão e ao crime".

LUÍS GAMA

Ocorre que muitos dos signatários, incluindo a família do futuro presidente Campos Salles, eram senhores de escravos. Seria demais esperar que defendessem a abolição. Aliás, em uma população de 10.821 habitantes, o município de Itu contava na época com 4.425 escravos. Ou seja, de cada dez ituanos, quatro eram cativos. Os republicanos temiam, obviamente, o desgaste político que significaria assumir a defesa da Abolição. Por causa dessas diferenças, Gama se afastou do Partido Republicano Paulista.

Baiano de Itaparica, filho de uma negra livre e de um fidalgo português, o mulato Luís Gama tornara-se abolicionista depois de viver na pele as injustiças da escravidão. Era ainda uma criança de dez anos quando seu pai, às voltas com dificuldades financeiras, não teve pudores de vendê-lo como escravo a um comerciante do Rio de Janeiro. Levado mais tarde para Campinas, interior de São Paulo, fugiu do cativeiro, estudou letras como autodidata e tornou-se um rábula — praticante da advocacia sem diploma universitário. Morreu vítima de diabetes em 1882, aos 52 anos, sem ver seu sonho, o fim da escravatura, realizado.

Até 1889, os diferentes grupos republicanos agiam de forma isolada, com pouca articulação entre si. Sem ressonância nas urnas, o Partido Republicano passou a enxergar o Exército como um instrumento para acelerar a mudança de regime. Jornais e ativistas começaram, então, a alimentar as divergências entre os militares e o governo — a *Questão Militar*. Pretendiam que o movimento se desse sob a direção do Partido. Mas tiveram de aderir às pressas ao golpe de 15 de novembro, tramado às escondidas, em meio à madrugada, deflagrado por uma onda de boatos. E o golpe foi comandado pelo marechal Deodoro da Fonseca, que, até então, não se identificava com nenhuma das facções do Partido — segundo todas as evidências, nem republicano era.

CAPÍTULO 9
A mocidade militar

O RIO DE JANEIRO e a Escola Militar da Praia Vermelha eram o celeiro da "mocidade militar", grupo de aspirantes, cadetes e oficiais que prepararia e executaria o golpe contra a Monarquia em 15 de novembro de 1889. A mocidade militar foi o fermento de um bolo ao qual se juntariam mais tarde, já às vésperas do golpe, os demais ingredientes da Proclamação da República, incluindo oficiais militares veteranos, como os marechais Deodoro da Fonseca e Floriano Peixoto, os fazendeiros do oeste paulista e toda a galeria de jornalistas, advogados e intelectuais republicanos.

As relações profissionais e pessoais desse grupo eram estreitas. Um dos alunos da escola foi o escritor fluminense Euclides da Cunha, autor do clássico *Os sertões*, que se casaria com a filha do major Sólon Ribeiro, justamente quem plantou, na rua do Ouvidor, os boatos que aceleraram o golpe em 15 de novembro.

OS CIENTÍFICOS

Na Escola Militar estudava-se muito. O currículo incluía álgebra, geometria analítica, cálculo diferencial, física experimental, química orgânica, trigonometria esférica, ótica, astronomia, geodesia, desenho topográfico, tática, estratégia e história militar, direito internacional, noções de economia política e de arquitetura civil e militar. Era ali também que os estudantes pobres, vindos das mais diferentes regiões do Brasil, entravam em contato com as ideias que, naquele momento, desencadeavam revoluções ao redor do mundo. Por isso, a escola era também chamada de "O Tabernáculo da Ciência". Seus alunos se identificavam como "os científicos", homens contaminados pelo Século das Luzes, imbuídos da missão de entender e transformar o mundo.

Nenhum pensador teve tanta influência sobre o pensamento da mocidade militar do Rio de Janeiro quanto o francês Auguste Comte. Nascido em janeiro de 1798, com 1,59 metro de altura, rosto marcado pela varíola e uma cicatriz na orelha direita, resultado de um golpe de sabre que sofrera durante uma briga na adolescência, Isidore Auguste Marie François Xavier Comte foi o pai do "positivismo", conjunto de ideias filosóficas e políticas que seduziu profundamente toda uma geração de intelectuais brasileiros na segunda metade do século XIX, em especial no meio militar. Comte apoiava os ideais da Revolução Francesa, que incluíam o fim da Monarquia, a ampliação dos direitos individuais, a separação entre Estado e religião, mas assustava-se com o caráter sanguinário que a revolução havia adquirido, especialmente durante o chamado Regime do Terror, em que milhares de pessoas foram decapitadas na guilhotina por divergências políticas.

COMTE

As ideias de Comte procuravam dar certa ordem ao caos instalado no continente europeu nessa época. Baseiam-se em um sistema filosófico chamado "Lei dos Três Estados". Por ele, o ser humano passaria por três etapas distintas de evolução.

A primeira seria a fase teológica, na qual as pessoas tentariam explicar os mistérios da natureza pela crença na ação de espíritos e elementos mágicos. Seria um estágio marcado pela confiança absoluta nos fenômenos sobrenaturais. A imaginação se revelaria sempre mais forte do que a razão. Sociedades ainda presas à fase teológica tenderiam a aceitar a ideia de que a autoridade dos reis e o poder do Estado teriam uma origem divina, decorrentes de uma delegação sobrenatural e não de um pacto livre entre as pessoas. A monarquia, portanto, seria o regime de governo natural de um estágio ingênuo e primitivo na evolução humana, mais próximo da barbárie do que da racionalidade.

O segundo estado na evolução humana, segundo Comte, seria o metafísico. A imaginação daria lugar à argumentação abstrata. A ação do sobrenatural seria substituída pela força das ideias. Nesse patamar estariam, por exemplo, os filósofos gregos, que passaram a usar a razão para explicar os fenômenos naturais. Em decorrência dessa mudança de foco, a organização e o governo das nações passariam a basear-se na soberania popular, não mais em uma suposta origem divina. Este seria, porém, um estágio evolutivo apenas intermediário, no qual os seres humanos ainda não teriam acesso ao instrumento mais fundamental na aquisição do conhecimento — o método científico.

A ciência só passaria a orientar o entendimento e as ações humanas na fase seguinte, a terceira na escala de valores de Auguste Comte, que ele chamou de estado "científico" ou "positivo".

No ponto de vista de Comte, era para esse terceiro estágio que boa parte dos seres humanos se encaminhava no século XIX. No estado "positivo", a ciência assumiria, finalmente, o papel de orientadora do conhecimento e da evolução dos povos. Pela cuidadosa observação científica dos fenômenos seria possível, em primeiro lugar, tirar conclusões seguras a respeito do Universo e também do comportamento humano. O passo seguinte seria o da ação transformadora no ambiente social. O correto entendimento das leis naturais e sociais tornaria possível explicar o presente e também prever e organizar o futuro.

Como se vê, o sistema de Comte resultava da aplicação dos princípios das ciências exatas nas ciências humanas. Da mesma forma como, na matemática, dois mais dois são quatro, na história haveria elementos concretos que, devidamente analisados e interpretados, poderiam levar a conclusões lógicas e desdobramentos previsíveis.

Essa noção estaria na base da moderna sociologia, ciência da qual Comte é considerado o fundador. Dela resultou a expressão "Ordem e Progresso", que hoje figura no centro da bandeira nacional brasileira. No entendimento de Comte, se existe uma ordem estática nas sociedades, possível de ser compreendida pela observação científica, haveria também uma dinâmica social, responsável pelas leis de seu desenvolvimento, ou seja, o progresso. Uma vez entendida a ordem da sociedade, seria possível reformar as instituições de maneira a acelerar o progresso.

No pensamento do filósofo francês estava, igualmente, a origem de outro conceito que moveu as paixões dos "científicos" da Escola Militar da Praia Vermelha — o da ditadura republicana. A enorme massa da população, pobre, analfabeta e ignorante, teria de ser conduzida e controlada pela elite republicana, por ainda não estar pronta para participar ativamente do processo de transformação. A República, portanto, deveria ser implantada de cima para baixo, de maneira a prevenir insurreições e desordens populares que pudessem ameaçar a boa marcha dos acontecimentos.

Auguste Comte levou tão a sério o seu sistema que, nos anos finais de sua vida, havia plantado as sementes de uma nova religião baseada nos conceitos do positivismo, a "Religião da Humanidade". Comte morreu em 1857, aos 59 anos.

Na segunda metade do século XIX, o positivismo já estava em decadência na Europa. Entretanto, chegaria ao apogeu no Brasil, nessa época, e seria o germe da grande transformação ocorrida em 1889. A tendência religiosa do positivismo nada representou na vida política brasileira. Já como ideologia política, teve como destaque um nome fundamental na Proclamação da República, o professor da Escola da Praia Vermelha, e ídolo da mocidade militar, Benjamin Constant Botelho de Magalhães.

De fato, as ideias de Comte teriam um impacto enorme e duradouro na história republicana. Alguns estudiosos chegaram a estabelecer ligações entre elas e a Revolução de 1930, liderada pelo gaúcho Getúlio Vargas, ele próprio um ex-adepto do positivismo. Da mesma forma, haveria no golpe militar de 1964 um eco positivista tardio, tão profundamente arraigado no pensamento militar estaria a ideia de um grupo iluminado capaz de conduzir de forma ditatorial os rumos da perigosamente instável República brasileira.

Os jovens "científicos" da Escola Militar se declaravam ateus ou agnósticos e assumiam como desafio a reforma das instituições, inclusive da própria religião católica, tida como uma das razões do atraso brasileiro. Muitos se organizavam em clubes clandestinos. E moravam, em grupo, em casas como as que existem ainda em várias cidades do Brasil, como em Ouro Preto, Minas Gerais. Era onde germinava, em 1889, a semente da derrubada do Império. E não por acaso se chamavam *repúblicas*.

CAPÍTULO 10
A chama nos quartéis

FOI ACESO NO PIAUÍ o rastilho do incêndio que atearia fogo aos quartéis e botaria abaixo o edifício imperial brasileiro. Foi a chamada Questão Militar, uma série de conflitos envolvendo o Exército e o governo imperial a partir de 1886. Seus desdobramentos levariam ao golpe de 15 de novembro de 1889 contra a Monarquia.

A hierarquia militar seria despedaçada. Os chefes militares, insubordinados, passaram a se pronunciar abertamente contra o comando civil do Império. A situação chegou a tal ponto que, às vésperas da Proclamação da República, a Monarquia não tinha mais autoridade para impor disciplina aos quartéis. E isso em meio à maré revolucionária que assediava o trono.

O episódio começou em fevereiro de 1886. Durante uma viagem de inspeção ao Piauí, o coronel Ernesto Augusto da Cunha Matos apontou diversas irregularidades cometidas pelo capitão Pedro José de Lima, comandante da Companhia de Infantaria e ligado ao Partido Conservador. As denúncias citavam casos de desvio do dinheiro que deveria ser usado na remuneração dos soldados, roubo de fardamento e de material pertencentes ao Exército.

1889

A DISPUTA

Em julho, o deputado piauiense Simplício Coelho de Resende tomou as dores do acusado, seu amigo e correligionário. Em discurso na Câmara, atacou Cunha Matos afirmando que, na Guerra do Paraguai, ele havia traído seus colegas de farda ao dirigir a artilharia inimiga contra as tropas brasileiras.

O coronel reagiu ao discurso publicando violentos artigos contra o deputado nos jornais cariocas. O governo considerou isso uma quebra do regulamento que proibia aos militares usar a imprensa na discussão de assuntos políticos ou corporativos. Por essa razão, o ministro da Guerra, deputado Alfredo Rodrigues Fernandes Chaves, puniu o coronel com dois dias de prisão.

O caso se transformou numa disputa entre o governo e o Exército e ficou conhecido como a Questão Militar.

Isso porque outros oficiais consideraram injusta a prisão de Cunha Matos. Houve troca de acusações entre civis e militares, e uma reação em cadeia, numa velocidade que surpreenderia as autoridades governamentais.

No início de agosto, o assunto chegou ao Senado, que reunia as mais importantes personalidades políticas do Império. Senador do Partido Liberal pelo Rio Grande do Sul, o general José Antônio Correia da Câmara, visconde de Pelotas, saiu em defesa de Cunha Matos. Afirmou que a punição do coronel era uma ofensa a todos os oficiais do Exército. Cunha Matos, em sua opinião, fora "ferido em sua honra militar, no que tem o soldado de mais respeitável". Portanto, tinha todo o direito de se defender pela imprensa.

O visconde de Pelotas era das figuras mais importantes do Exército brasileiro. Ficara conhecido por comandar o destacamento que, em 1870, surpreendeu e matou o ditador paraguaio Francisco Solano López em Cerro Corá, pondo fim à Guerra do

Paraguai. Por essa razão, fora agraciado pelo imperador Pedro II com o título de visconde, que já pertencera ao avô. Ao entrar em cena, deu maior peso aos incidentes.

O DRAGÃO DO MAR

Sena Madureira

Em aparte ao discurso de Pelotas, o senador Felipe Franco de Sá, ex-ministro da Guerra, lembrou outro episódio de indisciplina nos quartéis no qual estivera envolvido, em 1884. Em abril daquele ano, a Escola de Tiro de Campo Grande, no Rio de Janeiro, comandada pelo tenente-coronel Sena Madureira, recebeu com festa a visita de uma estrela do movimento abolicionista brasileiro, o jangadeiro cearense Francisco José do Nascimento, o "Dragão do Mar", como ficara conhecido depois de promover um boicote ao embarque de escravos no porto de Fortaleza. A homenagem foi entendida como um ato de indisciplina, uma vez que, até aquele momento, o Império brasileiro ainda era, oficialmente, escravocrata. Por lei, cabia ao Exército brasileiro auxiliar a tarefa dos "capitães do mato", encarregados de recapturar escravos fugitivos. Sena Madureira acabou demitido do posto e repreendido formalmente em ordem do dia.

Agora senador, o ex-ministro lamentava não ter sido ainda mais rigoroso na punição, considerando que na ocasião Sena Madureira também usara os jornais para atacá-lo.

Punição dos escravos

Ao saber do ocorrido, Sena Madureira, que a essa altura comandava a Escola de Artilharia de Rio Pardo, no Rio Grande do Sul, defendeu-se em artigo publicado no jornal republicano *A Federação*, de Júlio de Castilhos: "Nós, velhos soldados, nem sempre tomamos a sério os generais improvisados que perpassam rápida e obscuramente pelas altas regiões do poder...".

Nessa época, o marechal Deodoro da Fonseca era comandante de Armas e presidente em exercício da Província do Rio Grande do Sul e, como tal, superior hierárquico de Sena Madureira.

No dia 2 de setembro, o ajudante general do Exército, Manuel Antonio da Fonseca Costa, visconde da Gávea, interpelou o marechal. Queria saber se o coronel havia pedido autorização para se pronunciar nas páginas do jornal gaúcho. Por telegrama, Deodoro respondeu que não, mas em seguida despachou por correio um ofício no qual defendia a atitude do subordinado. Fazendo coro aos argumentos usados pelo visconde de Pelotas no Senado, lembrava que Sena Madureira fora agredido publicamente por Franco de Sá. Tinha, portanto, o direito de se pronunciar do mesmo modo. Além disso, argumentava que a legislação proibia a discussão pública somente entre militares. Como uma das partes era um senador, ou seja, uma autoridade civil, o regulamento militar não deveria ser aplicado.

Mas, antes que o ofício de Deodoro chegasse ao Rio de Janeiro, o ministro Alfredo Chaves puniu Sena Madureira com repreensão, medida que desagradou o marechal e mexeu nos brios da oficialidade gaúcha.

No dia 30 de setembro, oficiais da guarnição do Rio Grande do Sul pediram a Deodoro autorização para uma reunião destinada a prestar solidariedade ao coronel punido. O marechal concordou. No dia seguinte, os alunos da Escola Militar da Praia Vermelha, no Rio de Janeiro, reuniram-se para prestar solidariedade aos colegas gaúchos. Os promotores da reunião foram presos por ordem do ministro da Guerra.

Foi assim que um episódio, até então restrito às rivalidades da política piauiense, ganhou rapidamente repercussão e dimensões nacionais. Já não se tratava mais de uma rixa entre dois oficiais de médio escalão na hierarquia das Forças Armadas. Agora era o Exército inteiro que se dizia ofendido e maltratado pelo governo. O fato é que, nos anos finais da Monarquia, os militares sentiam-se frustrados, mal recompensados, desprestigiados pelo governo. Reclamavam dos soldos, congelados havia muitos anos, da redução dos efetivos das Forças Armadas depois da Guerra do Paraguai, da demora nas promoções, da falta de modernização de equipamentos e regulamentos.

INSUBORDINAÇÕES DE DEODORO

Logo, os republicanos civis enxergaram na Questão Militar a oportunidade que esperavam para jogá-los contra o Império. Em artigos nos jornais, insistiam na afirmação de que governo ofendera a honra do Exército. Nos meses de outubro e novembro de 1886, o presidente do Conselho de Ministros, João Mau-

Estudantes pulam o muro da Escola Militar: insubordinação

rício Wanderley, barão de Cotegipe, em carta, alertava Deodoro sobre o perigo de um "Exército deliberante", que, futuramente, poderia voltar-se contra a liberdade civil da nação. O marechal respondeu que os fatos ocorridos até então humilhavam os militares e fazia alusões a um suposto plano do governo de extinguir ou reduzir o Exército, cujas funções passariam para a Guarda Nacional.

"Se a sorte determinar o rebaixamento da classe militar", escreveu Deodoro, "no dia em que eu desconfiar que à frente de soldados não passarei de um comandante superior da Guarda Nacional (...) e simples vulto político, quebrarei minha espada e, envergonhado, irei procurar, como meio de vida e a exemplo de muitos, uma cadeira de deputado, para também poder insultar a quem quer que seja."

Irritado, Cotegipe exonerou Deodoro das funções que exercia no Rio Grande do Sul e o transferiu para o Rio de Janeiro, onde ficaria à espera de uma nova missão, ainda não definida. Em solidariedade ao marechal, Sena Madureira pediu exoneração do comando da Escola de Artilharia de Rio Pardo. No dia 8 de janeiro de 1887, ambos foram homenageados pelos colegas de farda em Porto Alegre. No dia 10, embarcaram no mesmo navio, o vapor *Rio Paraná*, para o Rio de Janeiro. Com isso, a crise iniciada no Piauí, e até então relativamente contida no Sul, se deslocava para o coração da corte imperial.

Ao chegar ao Rio de Janeiro, no dia 26, Deodoro e Sena Madureira foram recebidos como heróis pela mocidade militar. Por ordem do barão de Cotegipe, o comandante da Escola Militar da Praia Vermelha, general Severiano Martins da Fonseca, irmão de Deodoro, mandou fechar os portões da instituição. Foi inútil. Os estudantes ignoraram a proibição, pularam o muro e, fardados, foram ao encontro de Deodoro e Sena Madureira. Constrangido, Severiano pediu demissão do posto.

No dia 2 de fevereiro, Deodoro e Sena Madureira compareceram a uma nova reunião, dessa vez no Teatro Recreio Dramático, escoltados pelo então major e professor Benjamin Constant. Estavam presentes cerca de duzentos militares, dos quais 180 eram alunos da Escola da Praia Vermelha. Tratava-se, portanto, de mais uma manifestação da "mocidade militar". Na reunião, os militares presentes exigiram que o governo cancelasse as notas de advertência que haviam sido dadas a Cunha Matos e Sena Madureira. Animado com as manifestações de solidariedade, o marechal fez um discurso alertando que "a disciplina militar exige o brio e a dignidade da farda do soldado". Acrescentou que, "sem brio e sem dignidade, o soldado não cumprirá o dever que lhe é imposto: o dever de sangue!". Ao terminar, foi ovacionado de pé pela mocidade militar e escolhido para entregar pessoalmente ao imperador Pedro II o pedido de cancelamento das punições.

Cumpriu a tarefa à risca, sem levar em conta que, no episódio, a hierarquia militar havia sido posta de cabeça para baixo; dessa vez, eram alunos de uma escola militar que diziam a um marechal o que fazer.

No dia 5, Deodoro apresentou-se no Palácio de São Cristóvão, com o peito coberto pelas condecorações que havia conquistado na Guerra do Paraguai, e entregou uma carta ao imperador na qual criticava as punições e pedia que ele resolvesse a questão em favor dos militares ofendidos.

No mesmo dia, o ministro da Guerra, Alfredo Chaves, sugeriu a reforma — ou seja, a aposentadoria — do marechal. O imperador preferiu contemporizar e recusou a proposta. O ministro pediu demissão.

O substituto, Joaquim Delfino Ribeiro da Luz, anunciou que as punições poderiam ser canceladas desde que os atingidos o pedissem. Sena Madureira e Cunha Matos, no entanto, se negaram terminantemente a fazer isso. Exigiam que o governo tomasse a iniciativa.

O impasse só foi resolvido no dia 20 de maio, data em que o Senado aprovou uma moção na qual "convidava" o governo a cancelar as notas de punição, o que aconteceu logo em seguida. A questão parecia encerrada, mas, na prática, era público que o governo capitulara de forma humilhante perante um grupo de oficiais e estudantes rebeldes. Estava quebrada a cadeia de comando que durante todo o Segundo Reinado subordinara os militares ao poder civil e fizera do Brasil um país diferente de todos os demais vizinhos latino-americanos, permanentemente às voltas com quarteladas e golpes de Estado.

O CADETE EUCLIDES DA CUNHA

Os atos de indisciplina sucediam-se. Um caso de grande repercussão aconteceu no dia 3 de novembro de 1888, durante a visita do conselheiro Tomás Coelho, ministro da Guerra, à Escola Militar da Praia Vermelha. Um grupo de alunos combinara que, no momento em que Tomás Coelho passasse a tropa em revista, em vez de apresentar armas, todos dariam vivas à República.

No entanto, com medo das punições, os estudantes negaram fogo. A única exceção foi o cadete Euclides Rodrigues da Cunha (o futuro autor de Os sertões). No instante em que o ministro passou à sua frente, Euclides tentou quebrar a espada arcando a lâmina com as duas mãos. Em seguida, jogou a arma ao chão de forma ostensiva.

Foi expulso da Escola Militar e trancafiado durante um mês na fortaleza de Santa Cruz. Foi solto no dia em que o comandante da fortaleza recebeu o seguinte telegrama:

Euclides da Cunha

Euclides da Cunha, liberdade.

Era uma ordem do imperador Pedro II.

A questão militar produziu uma nova aliança dentro das Forças Armadas, reunindo três grupos que, até então, agiam dispersos. O primeiro era a já conhecida mocidade militar, que tinha seu principal reduto na Escola Militar da Praia Vermelha. O segundo, os oficiais republicanos situados na faixa intermediária da carreira, caso do próprio Sena Madureira e de Benjamin Constant. O terceiro e último grupo era o dos generais da velha guarda, Deodoro e o visconde de Pelotas, veteranos da Guerra do Paraguai que, a rigor, não compartilhavam do entusiasmo pela República, mas foram empurrados para dentro da conspiração republicana devido aos ressentimentos acumulados contra o governo.

FALTA POUCO PARA O DIA D

Consequência direta disso foi a fundação do Clube Militar, em 26 de junho de 1887. A entidade teria papel importante na articulação do golpe republicano. Segundo Sena Madureira, um de seus fundadores, o objetivo do clube era "unir a classe para a defesa de nossos interesses comuns e prepararmo-nos para a luta que teremos de sustentar contra as becas".

A expressão "becas" era uma maneira debochada de se referir às autoridades civis, que vinham em sua maioria das escolas de direito. Filhos de famílias ricas e prestigiadas, os "becas", às vezes também chamados de "casacas", dominavam os principais postos do governo e eram vistos como hostis pelos militares, de origem mais humilde. Vem daí a concepção de que somente os militares alimentavam o verdadeiro e desinteressado patriotismo, enquanto os políticos, em parte corruptos, defendiam seus próprios interesses.

O marechal Deodoro da Fonseca foi eleito presidente do Clube. Como vice, entrou o capitão de mar e guerra Custódio José de Mello, até então presidente do Clube Naval. Benjamin Constant ocupou o cargo de tesoureiro.

Uma das primeiras ações políticas concretas do clube foi apoiar, no mesmo ano de sua criação, a candidatura de Deodoro ao Senado pelo Rio de Janeiro. O marechal ficou em quarto e último lugar, recebendo somente 7,6% do total de votos, mas sua candidatura serviu para manter acesa a chama nos quartéis e aproximar os militares de outros movimentos, como os abolicionistas, que também se engajaram em sua campanha.

Daí para o golpe de 15 de novembro faltava bem pouco.

..

CAPÍTULO 11
O marechal

ATÉ AS VÉSPERAS DE 15 de novembro de 1889, Manoel Deodoro da Fonseca, o fundador da República, não era republicano.

Pelo menos é o que indica a correspondência que trocou um ano antes com o sobrinho Clodoaldo da Fonseca, aluno da Escola Militar de Porto Alegre. Integrante da "mocidade militar" liderada por Benjamin Constant, Clodoaldo escreveu uma carta ao tio em meados de 1888 na qual expressava suas convicções. Recebeu em resposta uma reprimenda:

República no Brasil é coisa impossível, porque será uma verdadeira desgraça — escreveu Deodoro. — *Os brasileiros estão e estarão muito mal educados para republicanos. O único sustentáculo do nosso Brasil é a Monarquia; se mal com ela, pior sem ela.*

REJEIÇÃO À REPÚBLICA

Documentos como esse ajudam a explicar a indecisão demonstrada por Deodoro no dia 15 de novembro. Nos momentos cruciais do golpe que liquidaria o Império, o marechal ainda relutava em

1889

Deodoro reluta a proclamar a República

assumir o papel que lhe caberia na história, contra a opinião de outras lideranças militares e civis que o pressionavam para proclamar oficialmente a República. Aparentemente, só se converteu ao projeto republicano forçado pelas circunstâncias e a contragosto, ao perceber que a mudança de regime se tornara inevitável.

Nascido na província de Alagoas em 5 de agosto de 1827, Deodoro cresceu em uma família de militares. Tinha nove irmãos. Seu pai, natural de Pernambuco, chamava-se Manoel Mendes da Fonseca Galvão. Preocupado com a cacofonia gerada pela proximidade das sílabas *ca* e *ga*, eliminara o Galvão do sobrenome. Ingressara no Exército em 1806 e, como era comum na época, acabou se envolvendo na política local. Eleito vereador, chegou a acumular as funções de chefe de polícia e juiz de direito interino na vila de Alagoas, a primeira capital da província, atual município de Marechal Deodoro.

Em 1839, quando Deodoro tinha doze anos e seu pai ocupava o posto de major, os habitantes da vila de Alagoas, onde moravam, souberam da notícia de que a capital da província seria mudada para Maceió, 27 quilômetros ao norte. Feroz opositor da mudança, Mendes da Fonseca reuniu seus comandados, dirigiu-se ao palácio e depôs o presidente da província, Agostinho da Silva Neves. Por uma ironia do calendário, a rebelião, logo sufocada, aconteceu no dia 15 de novembro, exato meio século antes do golpe que o filho do major lideraria em 1889 contra a Monarquia.

Sitiado por tropas imperiais despachadas de Pernambuco e da Bahia, Mendes da Fonseca fugiu para Sergipe, onde foi pre-

Os Fonseca em Alagoas: agruras da vida militar

so e enviado para o Rio de Janeiro. Submetido a Conselho de Guerra, conseguiu ser absolvido em maio do ano seguinte, mas a ousadia lhe custou caro. Reformado no posto de tenente-coronel, terminou a vida endividado e perseguido pelos credores.

Como não tinha dinheiro para sustentar a família, fez com que todos os filhos se alistassem no Exército. Em 1854, enviou um apelo patético ao imperador Pedro II, suplicando por auxílio financeiro que o ajudasse a saldar as dívidas e permitir que os três filhos mais jovens completassem os estudos.

Não se sabe se a súplica do patriarca dos Fonseca foi atendida. Manoel Mendes da Fonseca morreu em 24 de agosto de 1859, quando Deodoro tinha 32 anos e era capitão do Exército. As dificuldades da família teriam deixado profundas marcas na personalidade do futuro proclamador da República brasileira.

Assim, na manhã de 15 de novembro de 1889, Deodoro muito provavelmente tinha vivas na memória as dificuldades enfrentadas pelo pai naquele episódio e, portanto, sabia perfeitamente as consequências de um novo eventual fracasso.

MUITA TARIMBA

No Exército, Deodoro pertencia à categoria dos "tarimbeiros", como eram conhecidos os oficiais veteranos da Guerra do Paraguai e oriundos de famílias pobres. A expressão fazia referência à tarimba, estrado de madeira usado como cama improvisada nos acampamentos de guerra. Era um símbolo das agruras que esses militares haviam enfrentado ao longo da carreira, vivendo em condições precárias nos alojamentos e quartéis, mudando com frequência de cidade, enquanto lutavam em defesa do Império brasileiro.

Aluno da turma de 1843 na Escola Militar, onde fez o curso de artilharia, Deodoro teve uma carreira apagada e difícil até a Guerra do Paraguai. Seu batismo de fogo aconteceu em 1849, durante a Revolução Praieira de Pernambuco, combatendo nas fileiras das tropas imperiais. Depois disso, seu currículo registra repetidos casos de indisciplina, sempre por desacato ou problemas com superiores imediatos. Em menos de dois anos, foi preso cinco vezes. O comportamento explosivo seria sua marca até o fim da vida.

Foi despachado em 1864, então com 37 anos, para a Guerra do Paraguai. Seria a grande experiência de sua vida — e também a de toda a sua família. Dos sete irmãos homens de Deodoro, seis partiram para a guerra. Três deles morreram nos campos de batalha. Deodoro permaneceu seis anos fora do Brasil lutando contra os paraguaios. Nesse período, foi promovido sucessivamente a major, tenente-coronel e coronel, sempre por atos de bravura. "Só tive um protetor: Solano López", diria mais tarde em uma entrevista. "Devo a ele, que provocou a Guerra do Paraguai, a minha carreira."

Ferido na batalha de Itororó, embarcou para o Brasil em meados de 1870, quando o conflito já chegava ao fim. Em 1874, com o peito repleto de medalhas e outros galardões, foi promovido a brigadeiro, posto equivalente ao de general na atual hierarquia do Exército. Com essa patente, serviu em diversas regiões do país.

Depois da Guerra do Paraguai, a segunda grande transformação na vida de Deodoro aconteceria em 1883, ano em que foi nomeado comandante de armas da província do Rio Grande do Sul e em que começou a se envolver cada vez mais com a política local. Ali também emergiram suas divergências com o estancieiro e conselheiro do Império Gaspar Silveira Martins, a mais importante figura da política gaúcha naquele período. Seria a notícia da escolha de Silveira Martins para chefiar o ministério de dom Pedro II, na noite de 15 de novembro de 1889, que levaria o até então relutante Deodoro a aderir definitivamente à República.

No final de 1888, superados os momentos mais tensos da Questão Militar, o governo buscava um motivo para afastar o marechal Deodoro do Rio de Janeiro e do centro das conspirações. O pretexto surgiu quando Paraguai e Bolívia romperam relações em função de uma disputa territorial na região do Chaco. Alegava-se que uma guerra entre os dois países poderia ameaçar as fronteiras do Brasil. Com a desculpa de que o clima de tensão exigia a presença de um oficial de alta patente na região, o Ministério da Guerra despachou o marechal para Mato Grosso com a dupla função de comandante de armas da província e chefe de uma expedição militar de observação das fronteiras.

Deodoro embarcou para Cuiabá em 27 de dezembro, deixando Benjamin Constant na presidência interina do Clube Militar. Ao chegar a Mato Grosso, deu-se conta de que fora enganado. Não havia muito o que fazer ali. A disputa entre Bolívia e Paraguai estava longe de representar qualquer ameaça às fronteiras brasileiras. Surpresa maior teve ao ser informado de que o governo havia nomeado para administrar Mato Grosso o coronel Cunha Matos — aquele mesmo oficial que havia detonado a Questão Militar durante uma visita de inspeção ao Piauí. Na condição de comandante de armas da província, Deodoro estaria subordinado ao novo governador. Portanto, ele, um marechal, iria responder a um coronel!

Por fim, Deodoro recebeu a notícia de que o conselheiro Gaspar Silveira Martins acabara de ser nomeado para a presidência da província do Rio Grande do Sul. Foi a gota d'água. Irritado, o marechal abandonou o posto sem pedir autorização e tomou um navio de volta para o Rio de Janeiro. Ao desembarcar, em 13 de setembro de 1889, Deodoro era, portanto, um copo de mágoa já transbordado. E, ainda mais do que antes, convertia-se no candidato natural da "mocidade militar" e dos oficiais republicanos para assumir a liderança da revolução.

ESTAMOS SOBRE UM VULCÃO!

A imprensa republicana esforçava-se para radicalizar as animosidades entre o governo e os militares. No dia 10 de novembro, um artigo no diário *O País*, dirigido por Quintino Bocaiúva, anunciou supostas medidas contra militares rebeldes e o plano de espalhar as tropas concentradas do Rio de Janeiro por todo o território. A Corte passaria a ser protegida pela Guarda Nacional, mais fiel à Monarquia. Outras medidas afetavam o valor do soldo dos militares e autorizavam o governo a demitir qualquer oficial sem processo prévio.

Em outra manobra desastrada, às vésperas do golpe de 15 de novembro, o governo transferiu para o Rio de Janeiro alguns oficiais gaúchos conhecidos pela militância e pela radicalização na campanha republicana. Eram o major Frederico Sólon de

Sampaio Ribeiro e o capitão Antônio Adolfo da Fontoura Mena Barreto. Como Deodoro, eram opositores de Silveira Martins, vítimas do expurgo promovido pelo novo presidente da província. Ao chegar ao Rio de Janeiro, Mena Barreto passou a servir no 9º Regimento comandado por Sólon Ribeiro, onde também estava o alferes Joaquim Inácio Batista Cardoso. Nos dois meses seguintes, os três teriam participação fundamental na organização do golpe republicano.

No dia 10 de novembro, o 22º Batalhão de Infantaria, conhecido reduto da campanha republicana, foi embarcado no navio *Maranhão* com destino ao Amazonas. O ato foi entendido como o início do plano de desmobilização do Exército e acirrou ainda mais o ânimo dos militares. A tal ponto que, no dia 14, interrogado sobre os boatos pelo ministro da Guerra, visconde de Maracaju, Floriano Peixoto respondeu:

— Estamos sobre um vulcão!

Sem que o visconde soubesse, entre os que alimentavam o combustível dentro do vulcão estava ninguém menos que o próprio Floriano, a essa altura já comprometido com os republicanos.

Deodoro retorna ao Rio de Janeiro: um copo de mágoa

CAPÍTULO 12
O professor

A MAIS CONHECIDA IMAGEM da Proclamação da República é um quadro a óleo do pintor Henrique Bernardelli exposto hoje na biblioteca da Academia Militar das Agulhas Negras, situada no município de Resende, Rio de Janeiro. Nela, o marechal Deodoro da Fonseca aparece sobre um fogoso cavalo baio que domina todo o primeiro plano. Com o braço direito esticado, segura o quepe, a indicar um gesto de viva à República. O olhar fixo para o alto, a barba e o cabelo eriçados, o porte rijo e marcial, tudo mostra ardor, energia e determinação.

Ao fundo, aparecem diversas figuras de tamanho reduzido e tons escuros, meras coadjuvantes da cena principal dominada por Deodoro e seu cavalo. Só um especialista conseguiria identificá-las. Ali estão, entre outros, o jornalista Quintino Bocaiúva e o professor e tenente-coronel Benjamin Constant. Dos dois, Benjamin é o mais injustiçado.

Ao contrário do que sugere o quadro, Benjamin Constant não foi um personagem secundário na queda do Império. A rigor, deveria estar em primeiro plano, talvez com destaque ainda maior que o do marechal Deodoro. Foi ele o cérebro da revolução de 1889, principal divulgador do ideal republicano, mestre e ídolo da juventude militar.

A Deodoro caberia um papel simbólico importante. Em torno dele, as forças militares se uniram. Sem Deodoro, o golpe de 15 de novembro provavelmente teria fracassado. Era o único chefe das Forças Armadas com autoridade e legitimidade suficientes para se colocar à frente das tropas e desafiar o governo imperial. Já sem a prévia ação doutrinadora de Benjamin, é possível que Deodoro nem sequer tivesse tropas a comandar naquele dia.

O CÉREBRO E CORAÇÃO DA REPÚBLICA

Benjamin Constant, fundador da República, teve sua vida, desde o começo, marcada pela tragédia. Órfão de pai aos treze anos, tentou suicídio atirando-se às águas barrentas de um ribeirão. Salvo por uma escrava, mudou a data do aniversário para marcar o que considerava o dia de seu "segundo nascimento". Aos quinze, tornou-se arrimo de família, responsável pelo sustento dos quatro irmãos menores, da mãe e de uma tia. A mãe enlouqueceu em seguida e teve de ser internada em um hospício. Às voltas com dificuldades financeiras, Benjamin alistou-se no Exército, mas sempre vestiu a farda a contragosto. Preferia usar roupas civis e ser reconhecido como professor de matemática.

Apesar do inegável talento em sala de aula, foi inúmeras vezes preterido em concursos e promoções em favor de candidatos menos qualificados. Dizia-se infeliz e injustiçado na carreira militar. O espírito rebelde custou-lhe diversas prisões por insubordinação. Teve participa-

Benjamin Constant

ção controversa na Guerra do Paraguai. Suas cartas despachadas do campo de batalha revelam um homem empenhado em desmentir a fama de medroso.

"Se a não tenho feito feliz, não é porque não o deseje e muito e não tenha feito esforço para isso, é porque não o quer a minha má sorte", afirmou em correspondência à mulher, Maria Joaquina, em fevereiro de 1867, quando estava na Guerra do Paraguai. Na mesma carta, Benjamin se refere à ida para os campos de batalha como uma prova cabal do mau agouro que o acompanhava, restando assim "curvar a cabeça à sorte que nunca (me) quis ser favorável e seguir o caminho que a honra e o dever (me) apontam". O destino ruim seria, no seu entender, uma herança familiar: "Parece que um mau fado acompanha-me e à minha família (e não) cansa de perseguir-nos".

Benjamin Constant era um homem corpulento, mas de estatura reduzida para os padrões atuais, media apenas 1,55 metro. Usava óculos ovais, sem hastes, sustentados por um cordão preso à casaca. O bigode espesso caía sobre os cantos da boca, emoldurando um cavanhaque ralo. Andava e falava de forma cadenciada, com voz cavernosa. A expressão era séria, compenetrada. Em lugar da farda militar, preferia sair à rua de sobrecasaca preta, calça e gravata da mesma cor. Frequentava pouco os lugares públicos e nunca bebia álcool.

No começo de 1889, era um homem de grande prestígio no Rio de Janeiro. A "mocidade militar" o havia promovido à condição de mentor intelectual e líder espiritual na jornada rumo à esperada revolução. Nas reuniões dos oficiais republicanos, sua presença serena ajudava a moderar os ânimos. Era também cortejado pelos republicanos civis, que o viam como um elo fundamental de ligação no meio militar.

Entre seus admiradores contava-se ninguém menos que o imperador Pedro II, que anos antes o convidara para dar aulas de matemática aos netos no Palácio da Quinta da Boa Vista. Benjamin aceitara o convite, mas logo pedira demissão do cargo por não suportar o mau comportamento dos príncipes.

MARCANDO PASSO

Apesar da boa reputação, às vésperas da Proclamação da República Benjamin Constant andava visivelmente frustrado. Na carreira militar, estava parado. Conseguiu ser promovido a tenente-coronel em maio de 1888, depois de treze longos anos de espera no posto de major. Embora tivesse lutado no Paraguai, a promoção veio não por merecimento, como gostaria, mas por antiguidade.

Como professor, ganhava mal e trabalhava muito. Para pagar as contas domésticas, era obrigado a acumular diversos empregos e fazer dívidas frequentes, como revelam as anotações de seu arquivo pessoal.

Benjamin nasceu em 9 de fevereiro de 1837 em localidade próxima a Niterói. O pai passou por diversos ofícios e terminou como administrador de uma fazenda em Minas Gerais. Ali, morreu de febre tifoide, em 15 de outubro de 1849, dia assinalado nas memórias do filho Benjamin como o do "trovão do infortúnio". A morte do patriarca foi uma catástrofe para a família. Logo, a mãe começou a demonstrar os primeiros sinais de loucura, que a levaria a terminar a vida trancafiada em um hospício.

Em 1858, último ano do curso de engenharia, protagonizou um famoso episódio de indisciplina. Alguns estudantes foram considerados suspeitos de um roubo ocorrido na escola. No momento em que o ajudante se preparava para ler a ordem do dia contendo a acusação do comandante, Benjamin tomou as dores dos colegas. Irritado, arrancou o papel das mãos do oficial e, depois de atirá-lo ao chão e pisoteá-lo, anunciou:

— Esta ordem do dia não há de ser lida, porque é um insulto aos alunos!

O inesperado gesto de Benjamin desencadeou uma rebelião que varreu as salas e os corredores da Escola Militar durante três dias. No final, vários alunos foram expulsos e presos. Benjamin passou 25 dias detido na fortaleza da Laje, situada na entrada da baía de Guanabara. O episódio desde cedo revelou um traço de comportamento que o acompanharia pelo resto da vida — o da solidariedade irrestrita com os seus colegas de farda, em especial os estudantes das escolas em que dava aulas.

Aos dezoito anos, ainda como estudante de engenharia, começou a dar aulas de matemática, função que exerceu até o fim de seus dias. Benjamin tentou cinco vezes a cadeira de professor titular em concursos públicos. Em todos, embora se classificasse sempre em primeiro lugar, a vaga acabou ficando com um candidato menos qualificado, graças ao apadrinhamento político. Em abril de 1863, aos 26 anos, casou-se com Maria Joaquina, que acabara de completar quinze anos. Era filha do catarinense Claudio Luís da Costa, diretor do Imperial Instituto dos Meninos Cegos e homem influente na corte imperial. O casamento funcionaria, desse modo, como uma alavanca de ascensão social para Benjamin Constant. Por coincidência, no mesmo ano do casamento, ele tentou novo concurso, para a vaga de professor titular do Instituto Comercial. Classificou-se novamente em primeiro lugar e dessa vez foi nomeado para a vaga.

Convocado para a Guerra do Paraguai, permaneceu somente um ano na frente de batalha, sem nunca participar diretamente dos combates. Em 1872, ao prestar concurso para uma vaga na Escola Militar da Praia Vermelha na presença do monarca, dom Pedro II, Benjamin fez questão de avisar a banca examinadora de que professava as ideias do francês Auguste Comte. Foi uma atitude corajosa, uma vez que os positivistas, seguidores de Comte, defendiam a troca da monarquia pela república. Para surpresa de todos, o imperador, ao ser consultado sobre a questão, respondeu que não via problema algum. Benjamin prestou o concurso, passou em primeiro lugar e foi imediatamente nomeado para o cargo.

INSPIRADOR DA MOCIDADE MILITAR

A junção do magistério com a fé positivista levaria Benjamin Constant ao encontro da mocidade militar e ao destino que lhe era reservado na história republicana brasileira. Em maio de 1888, quando ele conseguiu a promoção ao posto de tenente-coronel, os estudantes da Escola Militar lhe prestaram grandes homenagens. Entre outros mimos, o novo coronel recebeu de presente um exemplar do livro *La synthèse subjective*, de Auguste Comte, ricamente encadernado e encerrado num estojo com a inscrição do lema do positivismo gravado em letras douradas: "O amor por princípio, a ordem por base, o progresso por fim". Na dedicatória, lia-se: "Ao venerando mestre Benjamin Constant Botelho de Magalhães. Homenagem dos alunos da Escola Militar da Corte". Para comprar o presente, os estudantes haviam promovido uma lista de subscrição com 163 assinaturas e um total de 69 mil réis arrecadados. Benjamin ficou profundamente tocado pelas homenagens. A partir daí, sua ligação com os jovens científicos da Escola Militar seria indissolúvel.

Foi em nome dos princípios que Benjamin transmitia aos jovens militares que eles ergueriam suas armas contra o Império no ano seguinte, transformando-se na força decisiva do Quinze de Novembro.

Nos dias que antecederam o golpe, os estudantes lhe entregaram seis abaixo-assinados secretos, conhecidos como "pactos de sangue", em que hipotecavam solidariedade irrestrita até a morte em sua atuação como representante da classe militar contra o governo. Ao todo, 173 pessoas assinaram os "pactos de sangue", todas militares.

Alarmado com a movimentação da "mocidade militar" em torno de Benjamin, o governo, no começo de 1889, dividiu a escola militar em duas. Na primeira unidade, na Praia Vermelha, permaneceram somente os cursos de infantaria e cavalaria. Para a segunda, denominada Escola Superior de Guerra e instalada no bairro de São Cristóvão, foram transferidos todos os alferes--alunos que frequentavam os cursos das armas consideradas "científicas". Com a mudança, o governo tentou cooptar Benjamin Constant, convidando-o a assumir a direção da nova ESG, cargo que recusou. E o tiro saiu pela culatra. A instalação da ESG em São Cristóvão teve como principal resultado fomentar o ambiente de insurreição no próprio bairro em que morava o imperador e onde estavam sediados o 1º Regimento de Cavalaria e o 2º Regimento de Artilharia, duas das unidades militares mais importantes da corte. Seriam as primeiras tropas que marchariam em direção ao Campo de Santana para derrubar o governo na madrugada de 15 de novembro de 1889.

São Cristóvão havia se tornado, assim, o novo reduto da "mocidade militar".

CAPÍTULO 13
Os abolicionistas

NUNCA TINHA HAVIDO NADA como o movimento abolicionista na história do Brasil. Foi a primeira campanha de dimensões nacionais, envolvendo todas as regiões e classes sociais. Nem mesmo a Guerra do Paraguai mobilizou tantos brasileiros e tão intensamente por uma causa em comum. Multidões compareciam aos comícios e manifestações públicas. As páginas dos jornais e os debates no Parlamento foram dominados pelo tema. O resultado foi a Lei Áurea, em 13 de maio de 1888, que libertou os escravos, mudou repentinamente as relações sociais e econômicas do país e, de quebra, deu o empurrão que faltava para a queda da Monarquia e a proclamação da República.

ÚLTIMO PAÍS A ABOLIR A ESCRAVIDÃO

Por mais de 350 anos, o Brasil foi o maior território escravagista do hemisfério ocidental. Estima-se que de um total de 10 milhões de cativos africanos trazidos para as Américas nesse período, 40% tiveram como destino terras brasileiras. Fomos o último país do continente americano a abolir o tráfico de escravos e a própria escravidão — quinze anos depois de Porto Rico e dois anos depois de Cuba.

Em meados do século XIX, o Brasil teimava em manter o comércio de escravos. Por isso, a Marinha Britânica resolveu dar a nossos navios o mesmo tratamento que dava à pirataria. Sob a mira de seus canhões, aprisionava navios negreiros que vinham para o Brasil, confiscava as embarcações e devolvia os cativos ao litoral africano. Nada disso, porém, parecia amedrontar os traficantes.

A primeira lei brasileira de combate ao comércio negreiro, aprovada em 1831 por pressão do governo britânico, nunca pegou. Era, como se dizia na época, "uma lei para inglês ver". Mesmo oficialmente proibido no país e condenado por tratados internacionais, o tráfico continuou de forma intensa e sob as vistas grossas das autoridades. O lucro compensava os riscos. Em 1843, o capitão de um navio negreiro pagava na África cerca de 30 mil réis por escravo e o revendia no Brasil por soma vinte vezes maior.

A Marinha Britânica passou a atacar os portos brasileiros em busca de negreiros, e um navio inglês trocou tiros com o forte situado na entrada da baía de Paranaguá, no litoral paranaense, atingindo cinco embarcações que ali estavam ancoradas. Tratava-se de uma humilhação para o governo imperial, que via uma nação estrangeira desafiando nossa soberania territorial.

PARA INGLÊS VER

Em 1850, o Parlamento brasileiro aprovou a chamada Lei Eusébio de Queiroz, proibindo o tráfico. O fim do tráfico vindo da África criou uma nova forma de comércio de escravos no Brasil. Donos de engenhos de açúcar em decadência no Nordeste passaram a vender os seus cativos para os barões do café do Vale do Paraíba e de Minas Gerais. O resultado foi a maior migração forçada de pessoas em toda a história brasileira.

O país demorou mais de duas décadas para dar um novo passo rumo à abolição. A Lei do Ventre Livre, de 1871, estabelecia que todo filho de escrava nascido no Brasil a partir daquela data teria liberdade mediante as seguintes condições: o proprietário dos escravos poderia manter a criança junto aos pais na senzala até os oito anos, quando então teria a opção de entregar o menor ao governo, em troca de indenização de 600 mil réis, ou continuar com ele até os 21. A maioria dos proprietários preferiu manter os filhos das escravas no cativeiro depois dos oito anos de idade. A lei previa também que os fazendeiros tinham de registrar o nascimento das crianças. Poucos fizeram isso. Fraudavam as certidões de batismo, como se as crianças tivessem nascido antes da Lei do Ventre Livre. O abolicionista pernambucano Joaquim Nabuco calculava que, nesse ritmo, ainda haveria escravidão no Brasil até meados do século XX.

Mas o movimento abolicionista tinha pressa, e a pressão foi o fator decisivo para acelerar o processo. O tema, que até então era sistematicamente evitado em discussões públicas, de repente ganhou as praças e ruas de todo o país. Clubes antiescravistas começaram a brotar em ritmo acelerado em todas as províncias. Panfletos, manifestos, jornais e livros contra a escravidão eram produzidos aos milhares no Brasil inteiro.

Em São Paulo, o advogado Luís Gama organizava uma campanha jurídica para libertar escravos apoiando-se na lei de 1831 — aquela que, oficialmente, abolira o tráfico negreiro, mas que nunca tinha sido respeitada pelos traficantes. Sozinho, conseguiu libertar mais de quinhentos escravos.

JOAQUIM NABUCO

Depois da morte de Luís Gama, dois homens de perfis opostos passaram a dominar a cena do movimento abolicionista — o per-

Joaquim Nabuco e José do Patrocínio

nambucano Joaquim Nabuco e o fluminense José do Patrocínio, fundadores da Sociedade Brasileira contra a Escravidão, em 1880.

Nascido no Recife em 1849, Nabuco era filho de um dos mais importantes políticos do Império, o senador Nabuco de Araújo. Em um país de analfabetos, rural e atrasado, Nabuco era um homem cosmopolita. Passou a maior parte de sua vida viajando pela Europa e pelos Estados Unidos, e foi amigo de alguns dos homens mais influentes do seu tempo, como o presidente americano Theodore Roosevelt. Em artigos de jornal e discursos que atraíam multidões no Recife, Nabuco dizia que o Brasil estava condenado a continuar no atraso enquanto não resolvesse de forma satisfatória a herança escravocrata. Para ele, não bastava libertar os escravos. Era preciso incorporá-los à sociedade como cidadãos de pleno direito.

Defensor das instituições, Nabuco afirmava que fora delas não havia solução para os conflitos da sociedade brasileira. Por isso, achava que a abolição deveria ser decretada pelo Parlamento, e não na *praça pública*, por pressão popular. Assim como achava que a monarquia parlamentar, à moda inglesa, era preferível à república. Segundo ele, em um país de instituições fracas como o Brasil, seria difícil construir uma democracia sólida como a americana apenas pela mudança do regime monárquico pelo republicano. E defendia que o entrave para o nosso desenvolvimento não era a Monarquia, mas a escravidão.

PATROCÍNIO

Como seu colega pernambucano, José do Patrocínio teve uma vida digna de roteiro de cinema, mas suas origens sociais eram muito diferentes. Nascido em 1853 na vila de São Salvador dos Campos dos Goytacazes, norte do Rio de Janeiro, era filho do vigário da cidade, o cônego João Carlos Monteiro, e de uma escrava, a jovem Justina Maria do Espírito Santo. Como, aliás, era comum em todo o Brasil naquela época. Justina, a mãe de Patrocínio, havia sido entregue a esse vigário quando tinha doze ou treze anos, como presente de uma paroquiana.

Em 1868, aos catorze anos, Patrocínio deixou o município de Campos, sem que o padre jamais o reconhecesse como filho. No Rio de Janeiro, teve empregos modestos, mas conseguiu estudar e fazer o curso de farmácia. Em vez de seguir a carreira de farmacêutico, tornou-se professor e jornalista. Casou-se com uma de suas alunas, Maria Henriqueta de Sena Figueira, filha do capitão Emiliano Rosa de Sena, avô do futuro pintor Di Cavalcanti. Com a ajuda do sogro, um homem rico, republicano e abolicionista, comprou seu próprio jornal, *Cidade do Rio*. Pela redação, passariam nomes famosos, como o poeta Olavo Bilac e o engenheiro André Rebouças, um importante abolicionista e amigo da princesa Isabel.

Patrocínio foi um jornalista agressivo e polêmico, cuja pena não poupava ninguém, nem mesmo amigos e aliados republicanos. Na política, sua biografia é pontilhada de contradições. Na tarde de 15 de novembro de 1889, enquanto o marechal Deodoro relutava em aceitar a mudança do regime, Patrocínio foi um dos que tomaram a iniciativa de proclamar a República perante um grupo reunido na Câmara Municipal do Rio de Janeiro. Ao que tudo indica, era, no fundo, mais abolicionista que republicano. Em 1888, depois da assinatura da Lei Áurea, ficara de tal forma grato ao papel desempenhado pela princesa Isabel que deu a ela o título de "A Redentora". Também se atribui a Patrocínio a criação da Guarda Negra, milícia composta de ex-escravos, cujo objetivo era defender o trono e o Terceiro Reinado, e que chegou a atacar comícios republicanos.

Nabuco e Patrocínio se distanciaram durante a República. Desgostoso com a queda da Monarquia, o pernambucano se retirou da política por alguns anos, mas logo faria as pazes com o novo regime por amor à vida diplomática. Em 1905, foi nomeado primeiro embaixador da República Brasileira nos Estados Unidos, responsável por um trabalho exemplar de aproximação entre os dois países. Morreu em Washington, em 17 de janeiro de 1910, aos sessenta anos.

José do Patrocínio, ao contrário, perdeu rapidamente as ilusões em relação ao regime que ajudara a fundar. No governo Floriano Peixoto, foi preso e deportado para uma localidade distante no Amazonas. Anistiado, retornou ao Rio de Janeiro, mas teve de passar meses escondido na casa de parentes. Morreu em 1905, aos 51 anos, pobre e vivendo de favores dos amigos no bairro de Engenho de Dentro, no Rio de Janeiro.

DOIS BRASIS EM CONFRONTO

O abolicionismo de André Rebouças, Luís Gama, Joaquim Nabuco e José do Patrocínio era um movimento urbano, enquanto a escravidão permanecia uma realidade rural. Na campanha abolicionista havia, portanto, dois Brasis em confronto. O dos defensores do fim da escravidão era representado por advogados, professores, médicos, jornalistas e outras profissões urbanas — um país que frequentava escolas, atualizava-se pelos jornais, reunia-se nos cafés para discutir as ideias e novidades do século XIX.

O outro Brasil era o dos fazendeiros, ainda muito parecido com o da época da Colônia — agrário, isolado, analfabeto, sem comunicações e conservador.

Em 1884, Ceará e Amazonas se tornaram as primeiras províncias a abolir a escravidão no Brasil — quatro anos antes da Lei Áurea. Nessas regiões, o trabalho cativo deixara de ser importante para a economia. Ainda assim, as decisões tomadas por cearenses e amazonenses tiveram grande repercussão nacional. Era uma vitória do movimento abolicionista e foi usada como ferramenta de propaganda até mesmo na Europa.

Um episódio ocorrido em 1881 no porto de Fortaleza contribuiu para atrair as atenções para a luta contra a escravidão no Ceará. Foi o boicote ao embarque de cativos liderado pelo jangadeiro Francisco José do Nascimento, na época conhecido como "Chico da Matilde" e mais tarde rebatizado como "Dragão do Mar".

Durante três dias, Nascimento e os colegas se recusaram a transportar para os navios um grupo de escravos vendidos para fazendeiros do sul do país. Em represália, o jangadeiro foi demitido do cargo de prático da barra que ocupava na Capitania dos Portos do Ceará. A punição, no entanto, o promoveu de imediato à condição de herói do movimento abolicionista brasileiro.

Nos primeiros anos do movimento abolicionista, o imperador Pedro II evitara demonstrar de que lado estava. Temia ferir os interesses da aristocracia rural que compunha a base de sustentação da Monarquia. No entanto, estava claro que, sem uma ação mais firme do monarca, a solução do problema não avançaria. Sob pressão das ruas, em 28 de setembro de 1885, o governo deu, finalmente, mais um passo rumo à abolição. Foi a chamada Lei dos Sexagenários, que libertava todos os escravos com mais de sessenta anos.

Na prática, era mais um paliativo. A expectativa de vida entre os escravos era tão ínfima que chegar aos sessenta anos no cativeiro seria quase um milagre. Além disso, libertar um escravo nessa idade, já bastante avançada para a época, equivalia a abandoná-lo à própria sorte, justamente quando ele mais precisava de abrigo e proteção do senhor que o havia explorado a vida toda.

TRÊS DIAS DE CHIBATADAS

Mas a comoção nacional era intensa e cada vez mais apaixonada pela causa da abolição. Em 1886, cinco cativos foram presos na cidade de Paraíba do Sul, província do Rio de Janeiro, acusados de matar o feitor. Um deles foi condenado à prisão perpétua. Os demais, a trezentas chibatadas cada um. Era um número tão grande de açoites que a pena demorou três dias para ser cumprida. Ao final, com as costas lanhadas pelo chicote, os quatro foram obrigados a voltar a pé da cidade até a fazenda onde trabalhavam. No caminho, dois morreram. A repercussão do episódio foi tão grande que, em poucos dias, o Senado aprovou uma lei colocando fim nas punições com açoites.

Em São Paulo, um grupo mais radical chamado "Os Caifazes", liderado pelo advogado republicano e maçom Antônio Bento, promovia a fuga em massa dos escravos, surrava os capitães do mato contratados para recapturá-los, ameaçava os fazendeiros e feitores acusados de maus-tratos. Sob a proteção desse grupo, foi organizado o mais famoso quilombo da época, o do Jabaquara. Situado nas imediações das cidades de Santos e Cubatão, na baixada santista, chegou a reunir 10 mil escravos fugidos.

No Rio de Janeiro, a Confederação Abolicionista, de José do Patrocínio, criou um esquema para proteger escravos fugidos por meio de cartas de alforria falsificadas.

Preocupados com o grande número de fugas, alguns proprietários apressaram-se em conceder alforrias verdadeiras sob determinadas condições. Os escravos eram emancipados, mas assumiam a obrigação de trabalhar nas fazendas por um período que variava de dois a cinco anos.

O movimento abolicionista avançava, desse modo, como em um campo de batalha: cada rua, cada praça, cada metro conquistado merecia uma celebração.

Em 1887, duas vozes que até então relutavam em defender os escravos cerraram fileiras com os abolicionistas. A primeira foi a do Partido Republicano Paulista, que decidiu apoiar publicamente um projeto de lei libertando todos os escravos brasileiros até 14 de julho de 1889, data do primeiro centenário da Revolução Francesa. A segunda foi a da Igreja Católica, que até então, com exceção de vozes isoladas, nunca fizera uma condenação oficial à escravidão. Além disso, em outubro desse mesmo ano, um manifesto do Clube Militar assinado pelo marechal Deodoro pedia à regente princesa Isabel que o Exército não fosse mais utilizado na caça aos escravos fugitivos.

ABOLIÇÃO EM PETRÓPOLIS

No final de março de 1888, a aristocrática e imperial Petrópolis foi declarada livre da escravidão. Liderada pela princesa Isabel, uma comissão de moradores arrecadara os fundos necessários para comprar a liberdade de 102 dos 127 cativos existentes na cidade. Curiosamente, na cerimônia de entrega das cartas de alforria, apareceram mais cinquenta escravos fugitivos, pedindo para serem incluídos entre os beneficiados pela ação. Ali mesmo foi providenciada uma nova arrecadação de fundos para libertá-los. O recado era claro: a tarefa de eliminar a escravidão passava das ruas para o trono do Brasil.

Por determinação da regente, na abertura da sessão legislativa, em 8 de maio do ano seguinte, o ministro da Agricultura, conselheiro Rodrigo Augusto da Silva, apresentou um projeto de abolição incondicional dos escravos. A medida foi promulgada no prazo de apenas cinco dias. Oitenta e três deputados votaram a favor do projeto. Apenas nove foram contra, todos membros do Partido Conservador. Com exceção de um deputado de Pernambuco, todos os demais eram representantes da província do Rio de Janeiro, o último reduto da escravidão no Império e "a mais reacionária", na definição do abolicionista Joaquim Nabuco.

Mais de 5 mil pessoas se reuniram nas proximidades do prédio da Câmara para acompanhar a discussão. No dia 13 de maio, um domingo, Isabel deslocou-se de Petrópolis para o Rio de Janeiro, para assinar a nova lei. Uma onda de entusiasmo tomou conta das ruas.

Ao todo, cerca de 700 mil cativos ganharam a liberdade com a Lei Áurea. Os ex-escravos foram dispensados sem apoio nenhum para integrá-los à sociedade. No Brasil, não houve nada parecido com o Freedmen's Bureau, instituição criada pelo governo americano para dar assistência aos escravos libertos depois da Guerra da Secessão. Havia um traço mais sutil e duradouro da escravidão que, a rigor, jamais se apagou na cultura brasileira. É o preconceito contra negros e mulatos.

Um grande exemplo é a certidão de óbito do mulato Machado de Assis, o maior de nossos romancistas. Assinada por alguns de seus amigos mais próximos, como testemunhas, a certidão declara que a cor de sua pele seria "branca". É provável que, agindo assim, esses amigos pretendessem prestar a derradeira homenagem a Machado.

Machado de Assis

..

CAPÍTULO 14
A redentora

GETÚLIO DORNELLES VARGAS, QUE viria a ser o mais importante personagem da República brasileira no século XX, era ainda um menino de quatro anos quando os vereadores de sua cidade, São Borja, no Rio Grande do Sul, tornaram-se notícia nacional. Isso porque, no dia 13 de janeiro de 1888, aprovaram um requerimento propondo que, quando dom Pedro II morresse, fosse feita uma consulta, por meio de plebiscito, aos brasileiros, para que dissessem se queriam ou não um terceiro reinado. Ou seja, se a princesa Isabel subiria ao trono ou o país teria outra forma de governo.

Havia muitas objeções levantadas contra a princesa. Segundo alguns, ela seria obcecada pela religião. Em reconhecimento à assinatura da Lei Áurea, o papa Leão XIII lhe concedeu a Rosa de Ouro, uma das mais altas honrarias do Vaticano. Ao recebê-la das mãos do núncio apostólico na capela imperial do Rio de Janeiro, em 28 de setembro de 1888, Isabel prestou um juramento de obediência ao papa. Isso só contribuiu para a erosão de sua imagem entre os republicanos, que na época defendiam a separação entre os poderes da Igreja e do Estado. Para

1889

Princesa Isabel recebe a Rosa de Ouro: obediente ao papa

eles, era inaceitável que a eventual futura imperatriz do Brasil se subordinasse ao Vaticano de maneira tão incondicional.

Outro fator que pesava contra a princesa era ser casada com um príncipe estrangeiro, o francês Gastão de Orleans, o conde d'Eu. Para além de sua intensa religiosidade, havia motivo de sobra para que os vereadores fossem a favor do plebiscito. Mais que isso, tratava-se de uma ação orquestrada de parte da maçonaria brasileira contra a princesa. A maçonaria era uma entidade internacional com intensa tradição de participação política. Foi bastante atuante no episódio da Independência, e alguns de seus membros eram personalidades nacionais.

PAÍS PATRIARCAL

Não se pode esquecer que o Brasil era um país conservador e patriarcal. Os homens tinham todos os privilégios, enquanto às mulheres estavam reservados somente os papéis de esposa e mãe. Por lei, não tinham o direito de votar nem de serem votadas — o voto feminino fora ignorado pela Constituição Imperial de 1824 e pela constituinte republicana de 1889. Seria aprovado somente em 1932, e mesmo assim com restrições. Às mulheres era proibido também cursar o ensino superior.

A Câmara de São Borja assumiu uma tática, na luta pela Proclamação da República, que nascera na maçonaria. Um ano antes, uma proposta de igual teor fora discutida na *loja* — como eram chamados os centros de reunião dos maçons — "Vigilância e Fé". Depois de aprovado, o requerimento seguiu para diversas câmaras do Rio Grande do Sul, de São Paulo, Minas Gerais e Rio de Janeiro. Os vereadores de São Borja foram afastados de seus cargos e processados, o que levantou uma onda de protestos em todo o país. Em Santos, litoral paulista, o advogado Antônio da Silva Jardim promoveu uma grande manifestação pública, que marcaria o início de sua épica campanha republicana nas demais regiões.

O processo contra os vereadores foi travado na justiça por promotores e juízes ligados à maçonaria. Mas o episódio demonstra que a princesa, apesar de ter assinado a Lei Áurea, em 13 de maio de 1888, e propiciado ao Império seu momento de maior popularidade, ainda que breve, era uma das grandes fragilidades da Monarquia brasileira.

NOVOS REPUBLICANOS

Chamada de "A Redentora" por José do Patrocínio, a princesa recebeu homenagens e celebrações em todo o país, em especial por parte de negros, mulatos e ex-escravos que a viam como a protetora que jamais haviam tido em toda a história brasileira. Já a aristocracia rural e escravagista, principalmente os barões do café do Vale do Paraíba, por conta do ato de Isabel, sentiu-se traída pela Monarquia e aderiu em massa à causa republicana.

A abolição foi apenas parte do problema envolvendo a princesa imperial e a sucessão do trono brasileiro. Os republicanos também acusavam a princesa de ser excessivamente submissa ao marido. Na imprensa, dizia-se que, na eventualidade da morte do imperador Pedro II, seria o conde d'Eu o verdadeiro soberano brasileiro. Nesse caso, o Brasil voltaria a ser governado por um príncipe estrangeiro, como havia acontecido até a abdicação de dom Pedro I ao trono, em 1831.

Isabel e a maçonaria estavam em rota de colisão desde a chamada Questão Religiosa, série de conflitos envolvendo o governo brasileiro e o Vaticano entre 1872 e 1875. Na época, o monarca era simultaneamente o chefe do Estado e o representante supremo da Santa Sé no país. Os padres recebiam salários do governo e lhe deviam obediência, como todos os demais funcionários públicos. Sem a aprovação do imperador, as bulas e as decisões do papa não eram válidas no Brasil.

Ora, em certo momento, a Igreja começou a atacar a maçonaria e tentou proibir que os católicos frequentassem suas reuniões. Algumas das figuras mais importantes do país eram maçons. O próprio Pedro II, apesar de não ser filiado, frequentava as lojas e acompanhava as discussões. Assim, o governo respondeu que, antes de atender ao papa, os bispos e padres brasileiros tinham de seguir as determinações do imperador. Bispos rebeldes foram presos, e a princesa, em viagem pela Europa, lhes prestou solidariedade, expondo-se a mais críticas por parte de maçons e republicanos.

Isabel foi herdeira do trono brasileiro por 43 anos, entre 1846, ano de seu nascimento, e 1889, data da queda da Monarquia. Governou o Brasil em três ocasiões, na condição de princesa regente, sempre durante as viagens de seu pai ao exterior.

Além dela, só outras oito mulheres em todo o mundo ocuparam o posto de autoridade máxima de seus países durante o século XIX: Maria II, de Portugal (filha primogênita de dom Pedro I); Vitória, da Grã-Bretanha; Isabella II, da Espanha; Liliuokalani, do Havaí; Guilhermina, da Holanda; Maria Cristina de Bourbon, de Napóles; Maria Cristina de Habsburgo, da Espanha; e Emma de Waldeck e Pyrmont, da Holanda.

CALÇAS PARDAS

Quando assumiu pela primeira vez a regência, aos 25 anos, Isabel era a única mulher, no conselho de ministros, cercada de homens maduros e sérios. Ela comentou o episódio com bom humor, em carta ao seu pai, que estava na Europa, escrevendo que uma crise a deixaria de "calças pardas", o que significaria, hoje, "borrar a cueca".

Quando nasceu, em 29 de julho de 1846, seguindo a tradição, o pai, dom Pedro II, a levou imediatamente à presença de um grupo composto de ministros, conselheiros de Estado e dos presidentes da Câmara e do Senado — todos homens. Como exigia a lei, ali mesmo firmou-se uma declaração oficial em três vias, na qual todos a reconheciam como herdeira do trono.

A pequena princesa foi alimentada por uma ama de leite branca e católica, selecionada na comunidade de imigrantes teuto-suíços de Nova Friburgo, e batizada no dia 15 de novembro daquele ano na capela imperial do Rio de Janeiro com água benta trazida do rio Jordão, na Palestina (o mesmo rio em que o profeta João Batista batizara Jesus Cristo, segundo os Evangelhos). Recebeu o nome de Isabel Cristina Leopoldina Augusta Micaela Gabriela Rafaela Gonzaga.

Na infância, Isabel submeteu-se com a irmã, Leopoldina, um ano mais nova do que ela, a um formidável programa de educação concebido pelo pai. A rotina diária de estudos prolongava-se por nove horas e meia, seis dias por semana. Incluía aulas de latim, inglês, francês e alemão, história de Portugal, da França e da Inglaterra, literatura portuguesa e francesa, geografia e geologia, astronomia, química, física, geometria e aritmética, desenho, piano e dança. Mais tarde, passou a ter aulas de italiano e grego, história da filosofia e economia política.

Apesar de muito estudo, devido ao meio conservador, dominado pelos homens, ignorava as características de seu próprio corpo, como as do ciclo menstrual. É o que se entende da carta que escreveu ao marido, o conde d'Eu, em agosto de 1865: "Este mês, eu tive menos o meu período, já não o tenho hoje. Diga, será que não terei o período no próximo mês se você não voltar? Eu não sei nada dessas coisas, querido, e não me atrevo a perguntar senão a você".

O casamento com o conde, como era comum nos regimes monárquicos, foi resultado de longas negociações, envolvendo também o matrimônio da irmã. Dom Pedro II cuidou de tudo e foi quem escolheu os noivos. Isabel e Leopoldina só souberam da identidade dos futuros maridos vinte dias antes de chegarem ao Rio de Janeiro.

O CONDE D'EU

Eram os primos Luís Filipe Maria Fernando Gastão de Orleans, o conde d'Eu, e Luís Augusto Maria Eudes de Saxe-Coburgo e Gotha, o duque de Saxe, também conhecido como Gousty. Tinham 22 e 19 anos, respectivamente. "Nós lhe despachamos mercadoria de primeira", comemorou o rei da Bélgica, Leopoldo I, tio dos dois rapazes, ao saber que estavam a caminho do Brasil.

O acordo previa que os dois primos se casariam com as princesas brasileiras, sem especificar a quem cada um estava destinado. Somente depois do desembarque no Rio de Janeiro, Isabel escolheu Gastão, e Gousty ficou para Leopoldina.

A primeira impressão dos noivos ao ver Isabel e Leopoldina no Rio de Janeiro não foi nada boa. "As princesas são feias", afirmou o conde d'Eu em carta à irmã, Marguerite d'Orleans, que morava em Londres. "Mas a segunda é decididamente pior que a outra, mais baixa, mais atarracada e, em suma, menos simpática." Isabel e o conde d'Eu casaram-se na capela imperial em 15 de outubro de 1864. Como presente de núpcias, a princesa pediu ao pai que libertasse dez escravos do Palácio de São Cristóvão.

Desde o começo, a princesa foi apaixonada pelo marido, e parece ter sido correspondida. No entanto, para tristeza do casal, demoraram dez anos para ter filhos. Fofocas maldosas na corte perguntavam se a princesa seria infértil ou se o "reprodutor" francês não funcionava. Enquanto isso, os cunhados Gousty e Leopoldina tinham um filho por ano.

Em 1869, o conde d'Eu conseguiu convencer o imperador dom Pedro II a enviá-lo para a Guerra do Paraguai. Ele se sentia inútil e pouco prestigiado no Rio de Janeiro. Ir para a guerra seria uma forma de demonstrar seus talentos militares e obter popularidade.

O conde d'Eu foi nomeado comandante supremo das tropas brasileiras no Paraguai em 22 de março de 1869. A guerra propriamente dita já estava terminada. Assunção fora ocupada pelas tropas comandadas por Caxias. O ditador Solano López fugira, mas Caxias julgava desnecessário caçá-lo. Já dom Pedro II exigia a rendição de López.

Contrariado, Caxias pediu demissão e voltou para casa sem dar satisfações ao governo imperial. Caberia ao conde d'Eu perseguir Solano López.

O conde d'Eu tinha 27 anos ao chegar a Assunção. Estranhamente, uma das primeiras decisões tomadas pelo conde no Paraguai foi abolir a escravidão no país vizinho, enquanto o Brasil, é claro, continuaria escravocrata.

López foi morto pelas tropas brasileiras na localidade de Cerro Corá em março de 1870, mais de um ano depois da ocupação de Assunção. Acuado e sem meios de se defender, usou como escudos mulheres, crianças, velhos e adolescentes, que foram trucidados sem piedade pelas tropas brasileiras. Os números são imprecisos, mas alguns historiadores falam em mais de 100 mil mortos, entre 10% e 15% da população paraguaia, de 1 milhão de habitantes nessa época. Um massacre. O conde foi descrito por alguns historiadores como um criminoso de guerra, que degolou prisioneiros desarmados e executou a sangue-frio mulheres, crianças e adolescentes na caçada final a Solano López.

Em 15 de outubro de 1875, Isabel deu à luz o tão aguardado primogênito, batizado com o nome do avô, Pedro de Alcântara. O segundo filho, Luís, viria em 1878. O terceiro, Antônio, em 1881. A felicidade do casal seria rapidamente ofuscada pelas dificuldades políticas enfrentadas pela Monarquia brasileira.

Isabel e o conde d'Eu se tornaram o alvo predileto dos ataques da campanha republicana, acusados de serem os responsáveis por, virtualmente, todas as mazelas nacionais. Entre outras críticas, o conde era apontado como dono de cortiços miseráveis no centro do Rio de Janeiro, onde exploraria de forma desumana os moradores pobres cobrando-lhes aluguéis extorsivos. Diziam até que recolhia pessoalmente esses aluguéis. Há biógrafos, no entanto, que garantem que nada disso era verdade.

O fato é que a princesa era acusada, tanto por republicanos como por monarquistas, de ser incapaz de ocupar o trono. Para muitos, foi sua falta de reação que deixou o Império desabar de vez em 15 de novembro.

Isabel morreu no exílio, em 14 de novembro de 1921, aos 75 anos. Seus restos mortais, transferidos para o Brasil somente em 1953, repousam na catedral de Petrópolis, ao lado do marido, o conde d'Eu, e do pai e da mãe, Pedro II e Teresa Cristina.

Os três capítulos a seguir retomam, em maiores detalhes, os eventos relacionados à troca do regime e tratam do exílio e da morte de Pedro II na Europa.

CAPÍTULO 15
O imperador cansado

ATÉ HOJE OS HISTORIADORES e outros estudiosos se sentem desafiados por um mistério... Apesar de ser mais que óbvia a conspiração a favor da Proclamação da República, por que o governo assistiu a tudo sem nem sequer fazer uma tentativa de impedir o golpe?

Dom Pedro II, a poucos dias do Quinze de Novembro, comportava-se como se nada ameaçasse o Império. A princesa ocupava-se com os preparativos para o Baile da Ilha Fiscal. Os ministros julgaram desnecessário alertar a família real sobre os boatos cada vez mais insistentes que circulavam na Corte.

Parecia que a Monarquia brasileira estava gasta, ultrapassada. Não havia ânimo para renová-la, nem para defendê-la. E ninguém simbolizava mais esse quadro de letargia e torpor do que o próprio monarca. Dom Pedro II era um homem doente, cansado, prematuramente envelhecido. Ele, que já fora tido como soberano dotado de firmeza e sabedoria, parecia incapaz de exercer a liderança que o momento exigia. Era como se as crises, as dificuldades e as críticas o tivessem exaurido. Aos mais íntimos, mostrava-se cada vez mais desinteressado das coisas políticas.

O PESO DA COROA

Dom Pedro II sempre foi um homem frágil. Na juventude, sofria de frequentes ataques de epilepsia. A partir da meia-idade, foi vítima de diabetes. De maneira geral, os problemas de saúde se agravaram muito nos dois anos finais de seu reinado. Em fevereiro de 1887, enquanto assistia a um concerto no Hotel Bragança de Petrópolis, foi atacado por uma dor de cabeça tão forte que se viu obrigado a se retirar do camarote em que estava. O desconforto persistiu por dois meses. Em abril, os médicos diagnosticaram um ataque de febre palustre, agravado pelo avanço do diabetes. Sua memória ficou bastante abalada. Alguns auxiliares chegaram a suspeitar que estivesse perdendo a sanidade mental. A princesa Isabel, que se encontrava na Europa, foi chamada às pressas ao Brasil.

O quadro pareceu tão grave que os médicos aconselharam tratamento na Europa. Dom Pedro II embarcou no dia 30 de junho de 1887, em companhia da imperatriz e do neto Pedro Augusto, enquanto a princesa Isabel assumia a regência pela terceira vez. Em sua ausência, de um ano e dois meses, era tal a convicção de que o imperador não retornaria com vida que, em artigo no jornal *O Paiz*, o jornalista republicano Quintino Bocaiúva referiu-se ao navio que o transportava como "esquife da Monarquia".

E, de fato, em determinada ocasião, seu estado piorou tanto que chegou a receber a extrema-unção.

Ao retornar da Europa, em agosto de 1888, tinha a aparência de inválido, sem ânimo para nada, e era incapaz de conduzir os destinos da nação. Tornou-se forte o rumor da abdicação em favor da princesa Isabel, o que só fez aumentar a resistência a um eventual terceiro reinado, por causa das desconfianças que a princesa e o marido despertavam em boa parte da elite brasileira.

Em maio de 1889, o conde d'Eu anunciou que faria uma longa viagem às províncias do Norte e do Nordeste. O objetivo era defender o Império contra os ataques cada vez mais agressivos dos republicanos. Era o pior garoto-propaganda que se podia escolher para a Monarquia.

O advogado Silva Jardim decidiu persegui-lo, aonde quer que fosse. Silva Jardim era o mais radical dos propagandistas republicanos, que atraía multidões a seus comícios, contra o impopular d'Eu. Ambos embarcaram no mesmo navio.

Recebido com festas oficiais, d'Eu mostrou enorme inabilidade política, fazendo declarações desastradas. Silva Jardim ficava em seu encalço e enfrentava a polícia nas manifestações que convocava.

LÁ VEM A REPÚBLICA!

Enquanto isso, o governo perdia apoio no Congresso. Forçado a formar outro ministério, primeiro o imperador tentou convencer o baiano do Partido Liberal, José Antônio Saraiva, a assumir. Alegando problemas de saúde, Saraiva recusou-se, mas teve uma conversa franca com o imperador, na qual lhe disse considerar a República inevitável. Dom Pedro II, a seguir, convocou o visconde de Ouro Preto, chefe do último gabinete do Império. Era o candidato favorito, e todos viram sua chegada ao poder como uma preparação para a princesa subir ao trono.

Ouro Preto apresentou ao Congresso um ambicioso programa de reformas, incluindo o sufrágio universal, a liberdade de culto e a reforma no sistema de educação, a fim de estimular a iniciativa privada. Ocorre que a mesma proposta já havia sido apresentada por Ouro Preto, duas décadas antes, sem jamais ter sido posta em prática. Os republicanos não enxergaram nenhum avanço com o novo ministério. E a marcha para o golpe prosseguiu.

CAPÍTULO 16
O baile

NOS DIAS ENSOLARADOS E sem neblina do Rio de Janeiro, toda vez que os aviões fazem a aproximação do aeroporto Santos Dumont, passando sobre a ponte Rio-Niterói, os passageiros podem contemplar um marco da queda do Império brasileiro. É uma ilhota rochosa, dominada por um edifício de cor esverdeada em estilo gótico provençal, que aparece sob a asa direita segundos antes que a aeronave toque a pista de pouso. Ali aconteceu o famoso Baile da Ilha Fiscal.

Foi o último grande evento social da Monarquia brasileira. Aconteceu na noite de 9 de novembro de 1889, um sábado, em homenagem aos oficiais e marinheiros do encouraçado chileno *Almirante Cochrane*. As relações do Brasil com o Chile sempre foram as mais cordiais possíveis. Entre todas as nações sul-americanas vizinhas, eram as que tinham menos conflitos e mais interesses comuns; situação que, a rigor, é a mesma até hoje. No final do século XIX, os dois países eram vistos como os mais estáveis politicamente da região, diferentemente do que ocorria com os demais.

A MONARQUIA DANÇA

O *Almirante Cochrane* entrou na baía de Guanabara no dia 11 de outubro. Oficiais e marinheiros chilenos permaneceram no Rio de Janeiro até 18 de dezembro e acabaram se tornando, involuntariamente, personagens importantes da história da Proclamação da República. Durante as dez semanas de sua temporada carioca, participaram da celebração das bodas de prata do casamento da princesa Isabel e do conde d'Eu, e receberam diversas homenagens — primeiro por parte dos monarquistas e, depois de 15 de novembro, dos republicanos.

Duas semanas antes do baile, em 23 de outubro, os chilenos haviam testemunhado, também de forma involuntária, um dos muitos incidentes daquele período envolvendo os militares e o governo imperial. O fato ocorreu durante um banquete oferecido pela Escola Militar da Praia Vermelha à tripulação do *Almirante Cochrane*. Entre os convidados estava o tenente-coronel Benjamin Constant, ídolo da "mocidade militar".

Os alunos aproveitaram a ocasião para homenagear o professor Benjamin na presença do ministro interino da Guerra, Cândido de Oliveira.

— Viva o mestre Benjamin Constant! — gritou o aluno Vicente de Azevedo.

Seguiram-se quinze minutos de vivas, palmas e flores. Benjamin tomou a palavra e fez um discurso violento contra o Império.

Sentindo-se ofendido pelo discurso, o ministro Cândido de Oliveira retirou-se antes de Benjamin acabar de falar. Enquanto o ministro deixava o recinto, ouviu-se de várias partes do salão um brado jocoso dos estudantes:

Viva a República... do Chile!

Ao tomar conhecimento do incidente, o visconde de Ouro Preto criticou o ministro Cândido de Oliveira dizendo que, em vez de se retirar do salão, deveria ter prendido o tenente-coronel imediatamente, na frente dos alunos e oficiais chilenos. Em seguida, procurou o imperador, sugerindo que Benjamin fosse substituído no comando da ESG e punido pelo novo diretor. Para sua grande surpresa, dom Pedro II rejeitou a proposta de seu primeiro-ministro, fez elogios ao tenente-coronel e disse que o chamaria para uma conversa.

Por essas e outras razões, o Baile da Ilha Fiscal foi um evento sem paralelo em quase meio século de Segundo Reinado. A corte de dom Pedro II era famosa pela falta de festas, saraus e celebrações sociais, e há historiadores que alegam que esse foi um dos motivos da queda do Império, já que faltavam à Monarquia brasileira brilho, charme e até mesmo um espaço para encontros nos quais se firmariam compromissos, casamentos entre filhos e negócios — enfim, alianças políticas que, no final das contas, asseguravam a sobrevivência dos tronos.

O último grande baile oferecido pelo imperador havia ocorrido quase quatro décadas antes, em 31 de agosto de 1852. A partir daí, as atividades sociais se fragmentaram pelos salões de casas particulares. O imperador deixou de ser o ponto de convergência dessas reuniões. Muito raramente ia aos bailes do Cassino Fluminense, mas logo voltava para casa exausto e entediado. "Que maçada", anotou em seu diário em 1880. Sua falta de gosto pelos eventos sociais chegava a preocupar a família imperial.

Com exceção do palácio imperial de Petrópolis, as instalações da corte brasileira surpreendiam os viajantes e diplomatas pelo aspecto de abandono e decadência. "Uma barraca", definiu o jornalista alemão Carlos von Koseritz ao visitar em 1883 o Paço da Cidade, no centro do Rio de Janeiro, do qual todo o andar térreo estava alugado a negociantes e barbeiros.

Dom Pedro II gostava mais da companhia dos livros do que de receber convidados. Mas o Baile da Ilha Fiscal, uma semana antes da Proclamação, para anfitriões, homenageados e convidados, foi a maior e mais desejada festa promovida pela Monarquia brasileira em todos os seus 67 anos de história, ou seja, desde que o país se tornara independente.

BAILE NA ILHA DOS RATOS

O local escolhido chamava-se ilha dos Ratos durante o período colonial. Fora rebatizado como ilha Fiscal em abril de 1889, data da inauguração do palacete destinado a servir de posto avançado da aduana, responsável pela fiscalização das cargas e pelo recolhimento dos impostos e das taxas dos navios que entravam e saíam do porto do Rio de Janeiro. Sua localização, nas proximidades da ilha das Cobras e da fortaleza de São José, quartel-general da Marinha de Guerra do Brasil, o tornava especialmente seguro.

Projetado pelo engenheiro Adolpho José Del Vecchio, o palacete da nova aduana ocupava uma área de 2.300 metros quadrados, com 68 metros de frente e 28 metros de fundos. Sua arquitetura era toda uma celebração à Monarquia. Os vitrais coloridos nas paredes laterais destacavam o busto do imperador Pedro II, com seu uniforme de almirante, a coroa e o brasão da casa imperial. Um segundo vitral, no lado oposto, mostrava a princesa Isabel, herdeira do trono, também emoldurada pela coroa. O piso era feito com madeiras nobres das selvas brasileiras, símbolo da riqueza e da vastidão do Império. Os símbolos heráldicos da Monarquia se espalhavam por todas as janelas e vitrais dos amplos salões adornados de peças de bronze e portas vermelhas de ferro batido.

Para rematar tão esplendorosa arquitetura, fora instalada na torre central um gigantesco farol de 60 mil watts, suficiente para iluminar grande parte da baía de Guanabara em todas as direções, facilitando a fiscalização do tráfego noturno de navios. Nessa mesma torre, um relógio conectado por cabos elétricos ao Observatório Astronômico Imperial permanecia iluminado à noite, possibilitando aos comandantes saber com precisão a hora de chegada ou partida de suas embarcações. Por fim, um cabo submarino permitia a comunicação entre a ilha e o prédio principal da aduana, situado no continente, por uma linha telefônica recém-chegada dos Estados Unidos.

Toda essa parafernália tecnológica, que encantava os cariocas em dias normais, foi reforçada para a noite do baile. Utilizou-se o que havia de melhor, mais surpreendente, mais fino e elegante na época para tornar a ocasião inesquecível, com ênfase na luz elétrica — novidade que, ainda pouco conhecida pelos brasileiros, reforçava o caráter inovador do Império.

A casa León Rodde se encarregou da iluminação do palacete, com energia fornecida por quatro motores instalados em uma barcaça nas extremidades da ilha. Ao todo havia 14 mil lâmpadas e faróis postados em locais estratégicos para destacar o ambiente e seus convidados. Ao anoitecer, os poderosos refletores de três grandes navios — os brasileiros *Riachuelo* e *Aquidabã* e o próprio encouraçado chileno alvo das homenagens, *Almirante Cochrane* — foram dirigidos para os edifícios das imediações, inundando de luz o Paço da Cidade, a Capela Imperial e a Igreja do Carmo. Outras pequenas embarcações ostentavam lanternas venezianas, como se as águas da baía estivessem pontilhadas de centenas de pirilampos, numa cena de sonho e magia idealizada para uma única noite de glória.

Um belo bosque artificial de palmeiras tropicais, construído especialmente para a ocasião, surpreendia os convidados logo na chegada da ilha, em frente ao ancoradouro. Nos ângulos do edifício se erguiam as pérgulas destinadas a abrigar as orquestras. O terraço, também transformado em bosque artificial, ficou reservado para a banda de música do Arsenal de Guerra. Os seis salões internos, três de cada lado do primeiro piso, estavam enfeitados com as bandeiras nacionais do Brasil e do Chile, coroas de flores, frisos dourados e prateados, espelhos e jarros de porcelana. Para a família imperial, fora providenciado um espaço privativo no primeiro salão, equipado com banheiro.

O bufê seria servido sobre mesas de ferro e madeira em um pavilhão armado sobre 21 colunas que ocupava toda a frente da ilha. A Confeitaria Paschoal, a preferida do imperador, responsabilizou-se pelo cardápio. Preparado por quarenta cozinheiros e cinquenta ajudantes, era composto de onze pratos quentes, quinze frios, doze opções de sobremesa, incluindo 12 mil porções de sorvete de diversos sabores.

Os convidados começaram a chegar ao entardecer de um dia ensolarado, de céu claro e luminoso. Eram as pessoas mais importantes do Império — ministros, senadores, deputados, barões, viscondes, marqueses, altos funcionários públicos, diplomatas e oficiais militares de primeiro escalão. Foram distribuídos 3 mil convites, mas estima-se que o número de presentes chegou a 4.500, o que significa que, para cada dois convidados, havia um penetra no baile.

Ao anoitecer, cerca de setecentas carruagens se enfileiravam em frente ao cais Pharoux, atual praça xv de Novembro, onde as pessoas eram entretidas pela banda de música do Corpo Militar de Polícia em uniformes de gala, enquanto esperavam pelos barcos que as levariam até a ilha.

Por volta das nove horas da noite, o som de uma corneta anunciou a chegada do imperador e da imperatriz. Dom Pedro ii trajava a habitual casaca preta. Na lapela, o "fiel carneirinho", símbolo da Ordem do Tosão de Ouro, a sua condecoração preferida. A imperatriz usava um longo vestido negro com adornos de contas de vidro. Entraram no salão principal ao som do Hino Nacional brasileiro.

O BAILE

Conta-se que, ao desembarcar na ilha, dom Pedro II teria tropeçado no tapete e perdido o equilíbrio. Várias pessoas correram para socorrê-lo, mas o imperador logo recuperou o passo e comentou de forma bem-humorada:
— A Monarquia tropeçou, mas não caiu...

GALOPE FINAL

Uma hora depois da entrada triunfal do imperador e da imperatriz, chegaram o conde d'Eu e a princesa Isabel, que usava um vestido escuro com listras brancas, emoldurado no peito por um bordado em ouro. Na cabeça, um diadema de brilhantes.

O baile começou por volta das onze horas da noite. Inspirado nos saraus das cortes europeias, o programa oferecia várias opções de danças simultâneas em diferentes salões, na seguinte sequência de ritmos: quadrilha, valsa, polca, lanceiros, valsa novamente, polca, quadrilha, valsa, lanceiros, valsa, mazurca, polca e "galope final". O imperador dançou uma única vez, com a filha adolescente do barão Sampaio Vianna, que naquele dia completava quinze anos.

O engenheiro André Rebouças, abolicionista amigo da família imperial e um dos poucos negros convidados para o baile, passou a noite conversando, sem se arriscar a convidar nenhuma das damas (brancas) presentes para dançar. Temia ser rejeitado por sua cor. Ao observar isso, já depois da meia-noite, o conde d'Eu sugeriu à princesa Isabel que tomasse a iniciativa de valsar com o engenheiro, o que ela fez, para surpresa de toda a corte.

Enquanto isso, a sessão do Clube Militar, na qual os sócios delegaram a Benjamin Constant poderes para "tirar a classe militar de um estado de coisas incompatível com a sua honra e a dignidade", encerrou-se por volta das onze da noite. Benjamin retornou para casa, mas, ao chegar lá, não encontrou sua família. Como muitos moradores do Rio de Janeiro, todos tinham ido ao centro da cidade ver de longe o movimento do baile.

Por causa do excesso de penetras, os banheiros entraram em colapso. No meio da noite, as latrinas começaram a transbordar. Um odor desagradável inundou os salões. No banheiro das mulheres, foi necessário usar baldes como vasos sanitários improvisados. O alto consumo de bebidas alcoólicas fez muitos convidados perderem a compostura. Alguns se envolveram em lutas corporais.

ACHADOS E PERDIDOS

Nos dias seguintes, os empregados encarregados de recolher o lixo e fazer a limpeza da ilha catalogaram uma lista curiosa de despojos, que os jornais republicanos reproduziram com grande alegria e que sugere uma maliciosa história secreta do baile. Entre os objetos encontrados havia dezessete ligas femininas, usadas na época para prender as roupas íntimas das senhoras na altura da coxa; 23 almofadinhas, adereços conhecidos como "puffs" e que serviam para dar contorno ao corpo das mulheres sob os vestidos; oito raminhos de corpinho, peça do vestuário destinada a esconder o decote e o começo dos seios; sete xales e mantilhas; nove dragonas militares; oito cartolas (chapéus masculinos de copa alta); e dezesseis sombrinhas.

Ainda segundo o balanço publicado nos jornais, foram consumidos 3 mil pratos de sopa, cinquenta caixas de peixes grandes, oitocentas latas de lagosta, oitocentos quilos de camarões, cem latas de salmão, 3 mil latas de ervilhas, 1.200 latas de aspargos, quatrocentas diferentes saladas, oitocentas latas de trufas, 12 mil frituras, 3.500 peças de caça miúda, 1.500 costeletas de carneiro, 1.200 frangos, 250 galinhas, quinhentos perus,

64 faisões, oitenta patos, 23 cabritos, 25 cabeças de porco, 18 mil frutas, 1.200 pratos de doces, 20 mil sanduíches, 14 mil sorvetes, 50 mil quilos de gelo — tudo isso regado a 10 mil litros de cerveja, oitenta caixas de champanhe, vinte de vinho branco, 78 de vinho tinto, incluindo os prestigiados Bordeaux e Borgonha franceses, noventa de vinhos de sobremesa, além de 26 de conhaques, vermutes e outros licores.

A festa varou a noite. Os últimos convidados foram embora ao alvorecer do domingo, no exato momento em que nuvens encobriram o sol nascente. Pouco depois, um aguaceiro como havia muito não se via no Rio de Janeiro desabou sobre a cidade.

Alguns dias depois da Proclamação da República, enquanto as notícias do baile ainda repercutiam nos jornais, Rui Barbosa, novo ministro da Fazenda do governo provisório, acompanhado de outras personalidades republicanas, decidiu fazer uma visita de inspeção à ilha Fiscal. Um dos membros da comitiva ficou escandalizado ao ver o palacete repleto de símbolos monárquicos e sugeriu que pelo menos o brasão imperial fosse eliminado da fachada. Para sorte do patrimônio histórico nacional, o engenheiro Del Vecchio, autor do projeto arquitetônico, que estava presente, interveio de imediato:

— Não, senhores! Por Deus! Se mereço algo da República, à qual posso servir com a mesma lealdade e o mesmo espírito de sacrifício com que servi ao Império, peço que não toquem neste emblema. É uma obra-prima!

Diante desse apelo, o escudo imperial foi mantido. E lá hoje ainda se encontra, como testemunha silenciosa de um Brasil que deixou de existir.

CAPÍTULO 17
A queda

NA VÉSPERA DA PROCLAMAÇÃO da República, 14 de novembro, dom Pedro II teve um dia tranquilo no Rio de Janeiro. As horas finais de seu longo reinado foram marcadas pela despreocupação com os acontecimentos políticos.

Naquela manhã, o imperador, que habitualmente passava os meses de verão em Petrópolis, decidiu descer à capital. Ao chegar de trem, dirigiu-se ao Imperial Colégio Pedro II, onde assistiu a uma das provas do concurso para professor substituto da cadeira de inglês. Depois almoçou no Paço da Cidade, o mesmo local onde, no dia seguinte, ficaria preso por algumas horas antes de ser deportado para a Europa. À tarde, visitou a Imprensa Nacional e as instalações do Diário Oficial. No momento em que o imperador retornava ao seu paraíso serrano, militares e republicanos civis faziam um balanço da conspiração em andamento. Um documento existente nos arquivos de Benjamin Constant, intitulado "Indicações úteis", ao detalhar, por exemplo, quais posições deveriam ser tomadas pela tropa e quais personalidades deveriam ser detidas, revela que, até o último momento, os militares ainda temiam alguma reação por parte das autoridades imperiais. Reação que não aconteceu.

1889

TUDO NORMAL, TUDO PERDIDO

Na manhã de 15 de novembro, o conde d'Eu saiu com os filhos para um passeio a cavalo na praia de Botafogo. A cidade lhe pareceu absolutamente normal. Nada indicava o drama que, naquele exato momento, se desenrolava no Campo de Santana, a alguns quilômetros dali. Ao retornar para casa, por volta das dez horas, foi surpreendido pela chegada do barão de Ivinhema e do visconde da Penha. Vinham comunicar, "esbaforidos", segundo relatou mais tarde à condessa de Barral, a revolta da 2ª Brigada e da Escola Militar. Traziam também notícias do barão de Ladário, o ministro da Marinha, que, segundo rumores até então incertos, encontrava-se gravemente ferido, e talvez estivesse morto.

Apareceram em seguida o engenheiro André Rebouças, o visconde de Taunay e os barões de Muritiba, do Catete e de Ramiz, este último preceptor dos pequenos príncipes, filhos do casal imperial. Por fim chegou o alferes Ismael Falcão com a notícia de que o marechal Deodoro da Fonseca, o tenente-coronel Benjamin Constant e o jornalista Quintino Bocaiúva estavam no quartel-general à frente dos revoltosos.

— Neste caso, a Monarquia está perdida! — foi a reação do conde d'Eu.

Novas informações chegavam a todo momento, sem que ninguém soubesse o que fazer. André Rebouças sugeriu que se retirassem para Petrópolis, de onde se poderia organizar a resistência contra os republicanos. Isabel e o conde d'Eu concordaram com a proposta, mas lembraram que, antes, seria conveniente avisar o próprio imperador. Uma tentativa de ligação por telefone falhou.

Ainda assim, decidiu-se levar o plano adiante.

Naquela mesma hora o próprio imperador tomava decisão oposta. Depois de ler os telegramas que lhe enviara o visconde de

Ouro Preto, pediu que lhe preparasse um trem às pressas para descer ao Rio de Janeiro. Isabel e o conde d'Eu tinham acabado de despachar os filhos para Petrópolis quando souberam da vinda de dom Pedro II, também por telegrama, o último que a família imperial conseguiu receber antes que as comunicações fossem interceptadas pelos militares. Resolveram, então, permanecer na capital em vez de ir ao encontro do imperador, cujo trem especial chegou por volta das duas da tarde.

Segundo relato de seu médico particular, conde da Mota Maia, dom Pedro II fez todo o percurso sem demonstrar qualquer preocupação com o que estava ocorrendo. "Veio lendo jornais e revistas científicas, declarando que tudo se arranjaria bem", relatou o conde.

FOGO DE PALHA

No Rio, já com a família, dom Pedro II dirigiu-se ao Paço da Cidade. O visconde de Taunay tentou lhe expor o plano de André Rebouças. O imperador, porém, não lhe deu a mínima atenção. Em meio à confusão reinante, era o único que parecia manter absoluta calma. A todo momento, repetia que tudo não passava de "fogo de palha".

— Conheço os brasileiros, isso não vai dar em nada — afirmou.

Diante da insistência dos que o cercavam para que tomasse alguma atitude, anunciou a dissolução dos batalhões, desmobilizando as tropas lideradas por Deodoro. O conde d'Eu argumentou que era impossível dissolver batalhões, que estavam levantados contra a autoridade real. Disse, ainda, que era necessário formar um novo governo, já que o ministério havia se demitido.

— Eu não aceito essa demissão — respondeu o imperador.

— Mas, se os ministros estão prisioneiros dos revoltosos, como quer o senhor que eles continuem a governar? — insistiu o conde d'Eu.

O fato é que o Brasil vivia uma situação única em sua história naquele momento. O derradeiro ministério do governo imperial havia sido deposto pelas armas do marechal Deodoro, mas a República ainda não estava proclamada. Àquela altura, o regime não era monárquico nem republicano.

O chefe supremo da nação era o imperador, mas na prática já não tinha poder algum. E Deodoro, o homem forte do momento, encontrava-se prostrado na cama, sem que ninguém se arriscasse a dizer se conseguiria sobreviver até o dia seguinte.

Como se estivesse cego aos acontecimentos, dom Pedro II insistia em ver o visconde de Ouro Preto. O ministro deposto conseguiu chegar ao Paço por volta das quatro horas da tarde. Sua situação era, entre todos os presentes, a mais precária. Pela manhã, Deodoro havia decretado sua prisão, mas logo voltara atrás, permitindo que se recolhesse em casa. Às sete da noite, após avistar-se com o imperador, no entanto, Ouro Preto seria preso novamente e deportado para a Europa a bordo de um navio alemão, sem ter tempo para se despedir da família e dos amigos, e nem mesmo para fazer as malas.

Foi o próprio Ouro Preto quem sugeriu ao imperador que chamasse o senador gaúcho Gaspar Silveira Martins para o posto de primeiro-ministro, com a função de organizar um novo ministério. Não se poderia fazer indicação mais desastrada. Um erro que nenhum historiador entendeu até hoje.

Além de não se encontrar no Rio de Janeiro na ocasião, sem, portanto, condições de tomar as medidas urgentes que o momento exigia, Silveira Martins era um adversário pessoal do marechal Deodoro. Uma provocação ao líder do golpe, que o fez decidir assumir a Proclamação da República. Mais tarde, dom

Pedro II afirmaria desconhecer os atritos entre o senador e Deodoro, o que não parece muito convincente.

Dom Pedro II considerou que a formação do novo ministério poderia esperar pelo retorno do senador Silveira Martins no dia 17. Até lá, o Brasil ficaria sem governo. Quando soube da decisão de dom Pedro II, o conde d'Eu alarmou-se. Mas nada foi capaz de convencer o imperador a acelerar seus passos, nem mesmo a notícia de que já havia um governo republicano provisório formado, com Deodoro, Benjamin Constant e Quintino Bocaiúva.

Como de costume, o jantar foi servido às cinco horas.

A princesa Isabel e o conde d'Eu tomaram a iniciativa de convocar informalmente o conselho de Estado para escutar opiniões. Dom Pedro II aceitou, sem reclamar. Mas as avaliações dos conselheiros eram as mais contraditórias. Havia os que, como o imperador, achavam que o golpe ia dar em nada, assim como alguns viam urgência em procurar Deodoro para um acordo. Dom Pedro II, desinteressado das discussões, parecia alheio ao que acontecia.

Ainda houve uma tentativa de enviar dois senadores, um do Partido Liberal, outro do Conservador, para conversar com Deodoro, mas nem sequer foram recebidos pelo marechal.

Por volta das onze horas da noite, a princesa Isabel conseguiu, finalmente, convencer o pai a promover uma reunião formal dos onze conselheiros presentes no Rio de Janeiro. Foi a última reunião do governo do Império, embora, para todos os efeitos, naquele momento a Monarquia já não existisse mais no Brasil. Em vez de esperar pela chegada de Silveira Martins, decidiu-se indicar o baiano José Antônio Saraiva para liderar o novo ministério.

JÁ AGORA É TARDE

Antes de aceitar o cargo, Saraiva redigiu uma carta a Deodoro na qual explicava ter sido escolhido para compor o ministério, mas que nada faria sem a concordância do marechal. Era uma atitude surpreendente, já que, na prática, implicava reconhecer que quem mandava no país naquele momento não era mais o imperador, mas o marechal.

A resposta de Deodoro, trazida pelo encarregado de levar a carta, foi: "Já agora é tarde".

Por hesitar em assumir a mudança de regime, o marechal assinara, horas antes, um manifesto à nação, anunciando a deposição da família imperial, mas sem mencionar a palavra república. A incerteza provocada por esse manifesto levou um grupo de republicanos ilustres a se reunir e rumar às pressas para a casa de Deodoro, pensando em pressioná-lo a se definir. Argumentavam que o Brasil se encontrava numa situação delicada, sem governo, e a cada hora que passava aumentava o risco de uma reação das forças imperiais.

Deodoro, uma vez mais, procurou ganhar tempo, mas, diante da notícia da nomeação de Silveira Martins para a chefia de gabinete, concordou com a proclamação da República, desde que a expressão "provisória" fosse incluída nas comunicações que o novo governo faria a seguir.

O GOVERNO PROVISÓRIO

O Executivo ficou composto da seguinte forma:

- Deodoro da Fonseca — Chefe do Governo Provisório
- Benjamin Constant — Ministro da Guerra
- Quintino Bocaiúva — Ministro das Relações Exteriores
- Rui Barbosa — Ministro da Fazenda
- Aristides Lobo — Ministro do Interior
- Campos Salles — Ministro da Justiça
- Eduardo Wandenkolk — Ministro da Marinha

Faltava escolher o ministro da Agricultura. Na reunião na casa de Deodoro, o paulista Francisco Glicério havia lembrado a necessidade de incluir um representante do Rio Grande do Sul, estado importante na campanha republicana. Sugerira a nomeação de Demétrio Ribeiro, positivista histórico ligado a Júlio de Castilhos. O marechal reagira com estranheza: "Nunca ouvi falar neste nome". Glicério insistira dizendo que Demétrio era um moço de grande talento e cultura. Seria um excelente ministro. "Bem... Conhecer, eu não o conheço. Mas, já que os senhores insistem, eu o nomeio", concordara afinal Deodoro.

Mais adiante foi lavrado o primeiro decreto do governo republicano. Mais enfático do que o manifesto assinado antes por Deodoro, comunicava em seus artigos iniciais:

- Art. 1º. Fica proclamada provisoriamente e decretada como forma de governo da Nação Brasileira a República Federativa.
- Art. 2º. As províncias do Brasil, reunidas pelo laço da federação, ficam constituindo os Estados Unidos do Brasil.

O decreto dispunha ainda que, oportunamente, cada estado faria sua própria Constituição, elegeria seus representantes para uma assembleia constituinte do Brasil e tomaria todas as providências para manter a ordem, a segurança pública, a defesa e a garantia da liberdade e dos direitos dos cidadãos. Anunciava também que nas regiões em que faltasse ao governo local meios para garantir a ordem haveria intervenção federal.

Como o Congresso ainda estivesse em recesso, no dia seguinte todos os membros do novo governo provisório foram à Câmara Municipal do Rio de Janeiro prestar juramento perante os vereadores.

Era mais uma cena inusitada. O governo federal do Brasil, ou seja, a instância máxima do Poder Executivo nacional, prestava juramento diante dos representantes de um poder municipal. Mas era a única forma de dar alguma legitimidade a uma República que nascera de um golpe militar, descolada das ruas e sem qualquer participação popular.

Por uma dessas ironias da história, três semanas mais tarde, no dia 7 de dezembro de 1889, a mesma Câmara Municipal seria dissolvida pelo governo republicano. Em lugar da Câmara, até então eleita por voto direto, foi criado um Conselho Municipal, composto de sete membros, todos nomeados pelo governo provisório sem referendo nas urnas.

..

CAPÍTULO 18
O adeus

UM VULTO SE ESGUEIROU pelas ruas mal iluminadas do centro do Rio de Janeiro na madrugada de 17 de novembro de 1889, um domingo. Era o jornalista e escritor Raul Pompeia, autor de *O ateneu*. Ao chegar ao largo do Paço, atual praça XV, encontrou as ruas ocupadas pelos soldados da cavalaria de armas em punho. Ocultando-se entre as sombras das árvores e edifícios, passou a acompanhar o movimento na praça. O trânsito de pessoas e carruagens havia sido bloqueado com cordões de isolamento. De tempos em tempos, ouviam-se ao longe o disparo de armas de fogo e o crepitar das patas dos cavalos no calçamento das ruas.

De seu posto de observação, Pompeia testemunhou o último ato da Monarquia no Brasil, a partida da família imperial para o exílio, de madrugada e praticamente às escondidas. Era uma cena melancólica. No cais, Pompeia assistiu a dom Pedro II descer da carruagem e pisar, pela última vez, em sua terra natal.

Desde as dez horas da manhã, o governo provisório determinara que ninguém entrasse nem saísse do Paço Imperial. A família real tornava-se prisioneira em seu próprio palácio. Lá dentro, a consternação era geral. Finalmente, até mesmo dom Pedro II havia compreendido que nada havia a fazer para salvar a Monarquia.

NÃO SOU FUGIDO!

Logo, apresentava-se no palácio o major Frederico Sólon de Sampaio Ribeiro, que na noite de 14 de novembro havia precipitado o golpe ao espalhar na rua do Ouvidor o boato sobre a prisão de Deodoro e a dissolução do Exército. Trazia uma mensagem do governo provisório ao imperador.

Ficou tão perturbado diante de dom Pedro II que não sabia como chamá-lo. Primeiro tratou-o por "Vossa Excelência", algo tipicamente republicano. Mas percebeu o deslize e mudou para "Vossa Alteza". Por fim, optou por "Vossa Majestade", a forma pela qual dom Pedro II fora chamado nos 49 anos anteriores sob o regime monárquico.

No documento, assinado pelo marechal Deodoro já na condição de chefe da nação, o governo provisório comunicava ao imperador a sua destituição e a mudança de regime. Depois de determinar que a família imperial deixasse o país no prazo máximo de 24 horas, terminava com uma frase repleta de significado histórico: "O país conta que sabereis imitar, na submissão aos seus desejos, o exemplo do primeiro imperador, em 7 de abril de 1831".

Era uma lembrança tenebrosa dos acontecimentos semelhantes ocorridos mais de meio século antes, quando dom Pedro I se vira forçado a abdicar do trono brasileiro e seguir para a Europa.

Ao ouvir a notícia, a imperatriz Teresa Cristina caiu prostrada numa poltrona. A princesa Isabel e algumas senhoras que a rodeavam começaram a chorar de forma convulsiva. Dom Pedro II, com apoio do barão de Loreto, sentou-se para redigir a resposta ao governo provisório.

Na aparência, estava tranquilo. A letra hesitante, porém, revelava o nervosismo.

"À vista da representação escrita, que me foi escrita...", começou.

Ao perceber a repetição da palavra "escrita", deixou de lado a folha e reiniciou o texto, dessa vez de forma definitiva:

"À vista da representação escrita, que me foi entregue hoje, às três horas da tarde, resolvo, cedendo ao império das circunstâncias, partir com toda a minha família para a Europa, amanhã, deixando esta pátria, de nós estremecida, à qual me esforcei por dar constantes testemunhos de entranhado amor e dedicação, durante quase meio século, em que desempenhei o cargo de Chefe da Nação. Ausentando-me, pois, eu com todas as pessoas de minha família, conservarei do Brasil a mais saudosa lembrança, fazendo ardentes votos por sua grandeza e prosperidade.

Rio de Janeiro, 16 de novembro de 1889. Dom Pedro d'Alcântara."

A forma pela qual dom Pedro II assinou essa mensagem revela que tinha plena consciência do momento que vivia. Durante quase meio século, sempre assinara seus textos oficiais como "Imperador", indicando que era o chefe de Estado e da Nação. Dessa vez, no entanto, usava seu nome privado, "Pedro de Alcântara", com o qual costumava se identificar nas viagens ao exterior sob a justificativa de que, fora do Brasil, deveria ser tratado como um cidadão comum, e não como um monarca. Assim continuaria a rubricar cartas, bilhetes e anotações até morrer no exílio, dois anos mais tarde.

A postura serena do imperador mudaria por volta de uma e meia da madrugada do dia 17, quando chegou ao Paço o tenente-coronel gaúcho João Nepomuceno de Medeiros Mallet com a notícia da mudança de planos do governo republicano. O prazo inicial de 24 horas, dado anteriormente pelo major Sólon Ribeiro, fora revisto. A família imperial deveria partir imediatamente para o exílio.

Foi um susto. Antes, o embarque estava marcado para as duas horas da tarde do dia seguinte, o que deixava tempo de sobra para descansarem e tomarem outras providências, antes de se dirigirem para o cais. Exaustos pelos acontecimentos e pelas emoções do dia anterior, todos tinham se recolhido por volta das onze horas da noite. Mal tinham pegado no sono quando foram tirados da cama pelas novas ordens.

Logo, os prisioneiros do Paço foram chegando um a um ao salão principal. O conde d'Eu, o primeiro a aparecer, ouviu de Mallet a explicação de que a mudança de planos se devia ao temor, por parte do governo provisório, de manifestações hostis à família imperial no caso de um embarque à luz do dia. Receava-se até mesmo um atentado contra a vida do imperador.

Nesse momento, ouviu-se a voz de dom Pedro II, o último a acordar. Vestia casaca preta e trazia na mão a inseparável cartola:

— O que é isto? — interpelou ao ver o tenente-coronel Mallet. — Então vou embarcar a esta hora da noite?

O oficial respondeu que a decisão era do governo.

— Que governo? — insistiu o imperador, visivelmente irritado.

— O governo da República...

— Deodoro está metido nisso?

— Está, sim, senhor. Ele é o chefe do governo.

— Então estão todos malucos!

O desespero tomou conta da princesa Isabel, que temia pela sorte dos três filhos, àquela altura voltando de Petrópolis para o Rio de Janeiro. O oficial assegurou a Isabel que haveria tempo suficiente para a chegada dos príncipes. O imperador continuava indignado.

— Não sou nenhum fugido! — repetia. — Não sou nenhum fugido, para sair assim...

Na tentativa de evitar conflitos com a multidão que provavelmente se reuniria no cais, para assistir a sua partida, conformou-se.

EMBARQUE NA MADRUGADA

Eram 2h46 quando a família imperial começou a deixar o Paço em direção ao navio que a aguardava na baía de Guanabara. Dom Pedro II, a princesa Isabel e o conde d'Eu acomodaram-se em uma carruagem. Os demais seguiram a pé. O cais ficava a uma curta distância do Paço. Percorreram o trajeto lentamente e, chegando lá, entraram numa lancha do Arsenal de Guerra, guardada por quatro cadetes. Como o embarque fora antecipado, tiveram de ser encaminhados ao cruzador *Parnaíba*. Ali aguardariam a chegada dos três pequenos príncipes e só então navegariam para a Ilha Grande, ao encontro do vapor *Alagoas*, que os levaria para a Europa.

Por volta das dez horas da manhã, chegaram de Petrópolis os príncipes filhos de Isabel e do conde d'Eu. O alívio foi geral.

Pouco antes da partida, um oficial subiu a bordo com a notícia de que o governo republicano daria uma ajuda de 5 mil contos de réis para custear as despesas do imperador no exílio. Era uma grande fortuna na época, equivalente a cerca de 70 milhões de dólares ou 150 milhões de reais hoje, mas dom Pedro II limitou-se a receber o papel, sem dar uma resposta conclusiva. Isso seria motivo de críticas nos anos seguintes. Para o governo republicano, dom Pedro II, ao receber o documento, havia, implicitamente, aceitado a ajuda financeira. Tanto que, ao chegar a Portugal semanas mais tarde, foi acusado por um jornalista de ter "vendido a Monarquia brasileira".

O fato é que, de São Vicente, no arquipélago de Cabo Verde, duas semanas depois da partida do Brasil, dom Pedro II enviaria uma carta ao governo provisório renunciando formalmente a qualquer ajuda financeira, além do salário mensal a que já tinha direito por lei como monarca. A atitude foi considerada insolente pelo governo republicano, que, em represália, resolveu banir para sempre a família imperial do território brasileiro.

A renúncia ao dinheiro custaria também grandes humilhações a dom Pedro II, obrigado a recorrer a empréstimos de amigos para pagar suas contas na Europa até morrer, em 1891.

Por determinação do governo provisório, um navio de guerra, o encouraçado *Riachuelo*, foi destacado para comboiar a família imperial. Oficialmente, o motivo era protegê-la de qualquer surpresa em alto-mar. Na verdade, tratava-se de impedir que algum dos passageiros tentasse desembarcar em qualquer ponto da costa brasileira. No dia 24 de novembro, o vapor com a família imperial passou ao largo de Fernando de Noronha, última porção do território nacional à vista.

NO PORTO DE LISBOA

Quando o arquipélago já era um pontinho negro no horizonte, alguém teve a ideia de despachar de volta um pombo-correio com uma mensagem de adeus. "Saudades do Brasil", escreveu o imperador em um pedaço de papel, assinado por todos e atado às pernas do pombo. A ave foi impelida por uma rajada de vento, mas, depois de se distanciar alguns metros da amurada do navio, começou a perder altura até cair nas ondas e ser tragada pelo mar turbulento. Terminava assim, de forma melancólica, a derradeira tentativa de dom Pedro II de manter contato com a terra em que nascera e na qual reinara por quase meio século.

A travessia do Atlântico se arrastou por três semanas. Na manhã de 7 de dezembro, quando o *Alagoas* finalmente atracou no porto de Lisboa, a família imperial foi recebida pelo rei Carlos I, sobrinho-neto de dom Pedro II, recentemente elevado ao trono português. A chegada da família imperial foi uma cena carregada de simbolismo para brasileiros e portugueses. Daquele mesmo ponto do rio Tejo, a esquadra de Pedro Álvares Cabral partira no início de 1500 para descobrir o Brasil sob os auspícios da coroa portuguesa. Havia dois séculos e meio que uma mesma real dinastia, a dos Bragança, governava os dois países. O fim dessa longa história monárquica ligando os dois povos seria marcado por uma estranha coincidência: no mesmo dia 15 de novembro de 1889, enquanto dom Pedro II perdia o trono no Brasil, nascia em Lisboa o último rei de Portugal, dom Manuel II. Na antiga metrópole, porém, a mudança de regime se daria de forma ainda mais traumática do que no Brasil. Dom Carlos I, pai de dom Manuel II, seria assassinado com um tiro de carabina em

1908, dois anos antes da Proclamação da República portuguesa, em 5 de outubro de 1910.

Ao desembarcar em Lisboa, dom Pedro II recusou o palácio que lhe foi oferecido pelo sobrinho-rei, preferindo hospedar-se no Hotel Bragança, como um cidadão comum. Como não tinha dinheiro para pagar a conta, teve de socorrer-se de um empréstimo de Manuel Joaquim Alves Machado, rico comerciante português que fizera fortuna em negócios no Brasil. Aos jornalistas que a todo momento o interpelavam sobre a Proclamação da República e a possibilidade de voltar a governar o Brasil, limitava-se a responder:

— Se me chamassem, iria. Por que não?

Nas duas semanas seguintes, cumpriu na capital portuguesa um programa de despedidas. Na igreja de São Vicente de Fora, ajoelhou-se e rezou diante do túmulo do pai, dom Pedro I, de quem fora separado havia 58 anos, quando o então imperador foi forçado a abdicar do trono e sair do país.

CAMILO CASTELO BRANCO

Dias depois, dom Pedro II teve o compromisso mais doloroso de todos, o reencontro com o romancista Camilo Castelo Branco, por quem tinha profunda admiração. Velho, cego, doente e empobrecido, o escritor vivia no andar térreo de uma casa em ruínas no centro da cidade. Tinha alucinações frequentes e gritava de dor à noite. Num bilhete a dom Pedro II, pediu-lhe que não o visitasse, para poupá-lo de vê-lo naquela situação. Mas dom Pedro II foi assim mesmo. Entre os dois, houve um diálogo repleto de emoção e tristeza, presenciado pela sobrinha do escritor, Ana Correia:

— Meu Camilo, console-se. Há de voltar a ter a vista.

— Meu senhor, a cegueira é a antecâmara da minha sepultura.

— Perdi o trono, estou exilado, e não voltar à pátria é viver penando.

— Resigne-se, Vossa Majestade. Tem luz nos seus olhos.

— Sim, meu Camilo, mas falta-me o sol de lá!

Despediram-se abraçados, em lágrimas. Camilo Castelo Branco suicidou-se no primeiro dia de junho de 1890 com um tiro de revólver na têmpora direita.

Alguns meses depois, uma nova e devastadora tragédia aguardava o imperador deposto. No dia 28 de dezembro, enquanto visitava a Escola de Belas-Artes, foi chamado às pressas de volta ao hotel. A imperatriz Teresa Cristina acabara de morrer, vítima de ataque cardíaco. Dom Pedro II sofreu imensamente a perda da esposa.

Depois do sepultamento da imperatriz, dom Pedro II viajou para a França, última etapa de seu exílio. Ali reviu pela última vez a condessa de Barral, a baiana que, ao longo de meio século, fora a verdadeira dona de seu coração. Barral morreu, pouco antes de completar 75 anos, em 14 de janeiro de 1891.

É TERRA DE MEU PAÍS...

Dom Pedro II morreu no início da madrugada de 5 de dezembro de 1891. Acabara de completar 66 anos e estava hospedado no Hotel Berdford, lugar relativamente modesto, situado na rua de l'Arcade, em Paris. No dia da morte do imperador, ao abrir o armário em que estavam seus pertences pessoais, o conde d'Eu encontrou um pequeno embrulho contendo uma substância escura e um bilhete com a seguinte mensagem: "É terra de meu país; desejo que seja posta no meu caixão, se eu morrer fora de minha pátria".

As últimas sete palavras dessa frase indicam que, até o leito de morte, dom Pedro II alimentou secretamente a ilusão de um dia retornar ao Brasil. Isso, de fato, aconteceria, mas só trinta anos mais tarde. Em 1920, o presidente Epitácio Pessoa revogou, finalmente, o decreto republicano que banira a família imperial do território nacional. Em 8 de janeiro do ano seguinte, os restos mortais do imperador e da imperatriz foram trasladados para a catedral de Petrópolis, onde se encontram atualmente.

Os capítulos que se seguem são a parte final do livro. É dedicada à implantação e à consolidação do novo regime, incluindo um pequeno balanço, no último capítulo, da história republicana brasileira até os dias atuais.

CAPÍTULO 19
Os bestializados

NO ROMANCE *ESAÚ E JACÓ*, o escritor Machado de Assis descreve de forma bem-humorada as aflições de um de seus personagens às voltas com os acontecimentos de 15 de novembro de 1889.

Custódio, o fictício dono de uma confeitaria situada na rua do Catete, acordou naquela manhã alarmado pelas notícias a respeito da Proclamação da República. Dias antes, por infelicidade, havia encomendado a pintura de nova placa para identificar, com letras bem grandes e coloridas, o nome de seu estabelecimento: *Confeitaria do Império*.

Só ao acordar na manhã do dia 15 deu-se conta da confusão em que se metera. A Monarquia brasileira, que ele pretendia homenagear com a placa, acabara de cair. Era preciso parar a pintura imediatamente. "Pare no d...", foi a mensagem que despachou com urgência para o pintor.

Para seu desespero, descobriu que o profissional já concluíra a tarefa. Lá estava agora a nova placa, com a tinta ainda fresca anunciando: *Confeitaria do Império*. E logo no centro da cidade, onde militares e civis republicanos comemoravam a queda do antigo regime e a instalação da República!

Custódio chegou à conclusão de que deveria providenciar a mudança do nome e a confecção de outra placa. Antes, porém, foi pedir a opinião do vizinho, o sábio e experiente conselheiro Aires.

Manter "Confeitaria do Império", concordou Aires, poderia soar como uma provocação ao novo regime:

— Que tal "Confeitaria da República"? — sugeriu.

À primeira vista, parecia boa ideia, mas Custódio lembrou-se de que, àquela altura, o ambiente político continuava incerto. Algumas pessoas ainda acreditavam na restauração da Monarquia. Se houvesse uma reviravolta nos dias seguintes, perderia dinheiro mandando pintar a nova placa. Uma alternativa seria mudar para "Confeitaria do Governo", designação que, segundo explicou Aires, "tanto serve para um regime como para outro". O precavido Custódio ponderou que, também nesse caso, haveria problemas. Nenhum governo deixa de ter oposição. Os adversários do novo regime poderiam quebrar-lhe a tabuleta.

A solução por fim adotada foi: *Confeitaria do Custódio*. Seria essa, portanto, a nova denominação do estabelecimento.

A PARADA

Essa curiosa anedota literária resume o clima de espanto da população do Rio de Janeiro naquele dia. Resultado de uma conspiração entre militares e um número reduzido de civis, a Proclamação da República pegou a todos de surpresa. Ao ver o desfile das tropas comandadas por Deodoro no centro da cidade naquela manhã, ninguém saberia dizer com certeza do que se tratava. O tom do noticiário parecia contraditório. Havia uma revolução em andamento, anunciavam os jornais, mas o clima geral era de ordem e tranquilidade. Não ocorreu nenhuma demonstração de entusiasmo popular, a participação civil foi nula.

"O povo assistiu àquilo bestializado, atônito, surpreso, sem conhecer o que significava", afirmou o jornalista e chefe republicano Aristides Lobo em artigo para o *Diário Popular*, de São Paulo. "Muitos acreditavam sinceramente estar vendo uma parada militar."

As notícias da queda do Império se espalharam rapidamente graças ao telégrafo. Na tarde de 15 de novembro, seguindo instruções de Benjamin Constant, o tenente José Augusto Vinhais ocupou a Repartição Geral dos Telégrafos no Rio de Janeiro. Dali disparou mensagens para os presidentes das províncias anunciando a implantação da República, embora até aquele momento o novo regime ainda não estivesse oficializado pelo governo provisório. Ao contrário do que se poderia esperar, a repercussão diante de tão extraordinário acontecimento foi mínima. A resignação foi geral.

Curiosamente, a reação monárquica mais importante ocorreu na Bahia, liderada por ninguém menos que o irmão do marechal Deodoro, o general Hermes Ernesto da Fonseca, governador de Armas da província. Ao receber as notícias do Rio de Janeiro, Hermes da Fonseca anunciou que permaneceria fiel ao imperador Pedro II. Precisou voltar atrás, ao ser informado de que seu irmão chefiava o golpe. "Eu sou republicano desde o dia 15 de novembro, mas meu irmão Hermes é de 16", diria mais tarde o marechal Deodoro, ao se referir ao episódio de forma divertida.

Os protestos em outras regiões do Brasil foram isolados e sem consequência. Se entre pobres, soldados rasos e ex-escravos ainda houve algum protesto, o restante da população — em especial aquela parcela que tinha alguma riqueza, poder e influência política — aderiu à República com a maior naturalidade, e sem pensar duas vezes. O Senado do Império, onde tinham assento as maiores sumidades da Monarquia, não formulou qualquer voto de protesto ao se reunir pela última vez, em 16 de dezembro. Dom Pedro II foi prontamente abandonado, e se queixaria em Paris, ao filho do visconde de Ouro Preto, tempos depois, de que o haviam esquecido mais depressa do que ele esperava.

REPUBLICANOS, VOLVER!

As adesões mais rápidas e entusiasmadas vieram de proeminentes políticos monarquistas, condes, viscondes, barões e outros fidalgos, apontados como o sustentáculo do Império. Há inúmeros exemplos, inclusive por escrito, e tornados públicos, de declarações de fidelidade à República, vindos justamente da nobreza brasileira. Até mesmo o preceptor dos filhos da princesa Isabel, Benjamin Franklin Ramiz Galvão, barão de Ramiz, pulou o muro tão logo pôde. Semanas depois da Proclamação da República, já tendo renunciado ao título de barão, foi nomeado diretor da Inspetoria-Geral de Instrução Pública por indicação de Benjamin Constant. Em discurso um ano mais tarde, comparou Deodoro a George Washington, primeiro presidente e herói da Independência dos Estados Unidos.

Atitude de rara dignidade teve o governador de São Paulo, general Couto de Magalhães, veterano sertanista, desbravador da bacia do rio Araguaia e herói da Guerra do Paraguai. Monarquista convicto, soube da Proclamação da República ainda no dia 15 de novembro. No dia seguinte, entregou o cargo. Foi tratado com respeito ao deixar o palácio, então situado no Pátio do Colégio, mas recusou o convite para ir ao Rio de Janeiro prestar reverências às novas autoridades constituídas.

O festival de adesões logo se propagou entre advogados, escritores, médicos, jornalistas e outros profissionais. No dia 20 de novembro, um grupo de intelectuais reuniu-se no teatro Variedades com o objetivo de eleger uma comissão encarregada de "manifestar, por qualquer modo, ao governo provisório da República dos Estados Unidos do Brasil a adesão franca dos homens de letras do Brasil". Entre os escolhidos para compor a representação estavam o sergipano Sílvio Romero, o gaúcho Pardal Mallet, o carioca Olavo Bilac, o alagoano Guimarães Passos e os maranhenses Aluísio de Azevedo e Coelho Neto.

Um fenômeno particularmente curioso foi a corrida aos atestados de participação na Proclamação da República. Assinados por Benjamin Constant e outras lideranças, esses documentos certificavam que o requerente era republicano de primeira hora. Mais tarde, serviriam para abrir-lhes as portas dos cofres, empregos e outros privilégios nas repartições públicas.

Republicanos civis justificavam a tomada de poder pela força das armas, sem participação popular, como uma necessidade, o *único caminho possível*. Artigos nos jornais louvavam os militares, com destaque para os de Rui Barbosa em seu jornal *Diário de Notícias*. Nos meses seguintes, haveria intensa censura à imprensa e repressão a jornalistas, intelectuais e eventuais opositores que ousassem levantar a voz contra as decisões do novo governo.

ANTES E DEPOIS

O regime instalado desmentia grande parte da campanha republicana. Nos discursos, agitadores populares como Silva Jardim e Lopes Trovão reproduziam a retórica da Revolução Francesa, convocando o povo a participar ativamente, nas ruas, da transformação do país. E o Manifesto Republicano de 1870 afirmava que o poder deveria se basear na vontade popular. O que se viu nos dez anos seguintes à implantação da República foi o oposto disso.

Um decreto de 23 de dezembro de 1889, cinco semanas depois da troca de regime, ameaçava jornalistas de oposição com "as penas dos artigos de guerra, arcabuzamento inclusive". A expressão "arcabuzamento" significava execução por arcabuz, arma típica do século XIX, ou seja, fuzilamento. Em março de 1890, um novo decreto previa punições a todas as pessoas acusadas de pôr em circulação, pela imprensa, pelo telégrafo ou por qualquer outro meio, "falsas notícias e boatos alarmantes, dentro ou fora do país, (...) que se referissem à indisciplina do Exército, à estabilidade das instituições ou à ordem pública". Na prática, era censura à imprensa, veículo em que essas notícias e rumores constantemente apareciam.

Fortalecido por esses decretos, o porrete da polícia passou a funcionar nas redações com frequência alarmante. Assustado com o clima de repressão, o jornal *O Estado de S. Paulo*, que até então tinha sido porta-voz das ideias republicanas, protestou em editorial no dia 26 de março de 1890. Em Pernambuco, a polícia mandou apreender e rasgar todos os exemplares do jornal *O Tribuno*, que criticara os primeiros atos do governo provisório. Invasão de redações, empastelamento — destruição — das máquinas de impressão, espancamentos e prisões de jornalistas, além da proibição da circulação de jornais, tornaram-se rotina.

As frustrações com o novo regime podem ser resumidas no telegrama que, no dia 21 de dezembro de 1889, Felicíssimo do Espírito Santo Cardoso, ex-senador do Império e capitão da Guarda Nacional em Goiás, enviou ao filho Joaquim Inácio Cardoso, alferes do Exército e ativo participante da Proclamação da

República no Rio de Janeiro. "Vocês fizeram a República que não serviu para nada", reclamava o capitão. "Aqui agora, como antes, continuam mandando os Caiado." Joaquim Inácio seria avô do futuro presidente da República Fernando Henrique Cardoso, cujo governo, mais de um século depois da Proclamação da República, contaria em Goiás com o apoio do deputado Ronaldo Caiado, ex-presidente da UDR (União Democrática Ruralista), organização dos grandes proprietários de terras cujo adversário principal seria o MST (Movimento dos Trabalhadores Rurais Sem Terra), que reivindica a reforma agrária, uma das muitas promessas adiadas pelo regime republicano.

••

CAPÍTULO 20
Ordem e progresso

UMA DAS PRIMEIRAS PROVIDÊNCIAS do novo regime foi substituir o nome de estradas, ruas, praças, escolas, repartições públicas e até cidades inteiras, para homenagear os heróis republicanos. Estátuas, obeliscos, chafarizes e outros monumentos foram construídos em ritmo frenético para celebrar a Proclamação. No Rio de Janeiro, ao todo 46 logradouros mudaram de nome. As ruas da Constituição e do Imperador passaram a ser chamadas oficialmente de rua do Governo Provisório e rua do Exército Libertador. Até mesmo vias com nomes singelos e poéticos, tão peculiares na época da colonização portuguesa, foram vítimas da mania que o governo tinha de rebatizar vias públicas. A rua da Misericórdia virou rua do Batalhão Acadêmico. O Beco das Cancelas foi reclassificado como travessa e passou a ostentar o nome do dr. Vicente de Sousa, um dos líderes civis da revolução, hoje menos lembrado.

Iniciativas semelhantes foram adotadas na maioria das cidades, que ainda exibem em seu mapa os nomes de personalidades republicanas. Há casos curiosos, como o da principal via de comércio de Petrópolis, no Rio de Janeiro, denominada rua do

Imperador até 1889, ano em que teve seu nome alterado para avenida Quinze de Novembro. Voltou a se chamar *do Imperador*, em 1979, por decisão da Câmara Municipal, como forma de agradar os turistas que buscam na cidade serrana os últimos e maltratados vestígios do Império brasileiro.

NOME DO COLÉGIO TROCADO

O objetivo dessas medidas não era apenas exaltar a República. Tratava-se de eliminar o mais rapidamente possível os vestígios da Monarquia. Um decreto do governo provisório suprimiu de imediato a denominação "imperial" de todos os estabelecimentos ligados ao Ministério do Interior. Desse modo, o venerando Imperial Colégio Dom Pedro II, fundado em 1837, passou a chamar-se Instituto Nacional de Instrução Secundária e, em seguida, Ginásio Nacional. Só em 1911 voltaria a ter sua designação original. O Arquivo Público do Império virou Arquivo Público Nacional, enquanto a ferrovia Dom Pedro II tornou-se Estrada de Ferro Central do Brasil.

O esforço incluiu ainda a criação de datas cívicas, a mudança da bandeira, uma tentativa fracassada de alterar o próprio hino nacional e até a adoção de novo tratamento dispensado às autoridades.

Por lei, "Saúde e Fraternidade", divisa emprestada da maçonaria e usada na Revolução Francesa, converteu-se em saudação obrigatória no Brasil republicano. Na correspondência oficial adotou-se o tratamento de "Cidadão" em lugar do mais cerimonioso "Vossa Excelência". Assim, ofícios e despachos do governo passaram a trazer expressões como "Cidadão Presidente", "Cidadão Ministro" e "Cidadão General".

O regime procurava conquistar os brasileiros, até então arredios ou apáticos diante da Proclamação da República. Buscava-

-se dar uma nova identidade ao país, descolada de seu passado monárquico. Esse projeto acabaria por alterar o próprio ensino de história do Brasil e teria grande impacto nos livros didáticos, no jornalismo, na literatura, no teatro, na pintura e em outras formas de arte.

TIRADENTES

Um caso interessante envolve a figura de Joaquim José da Silva Xavier, o Tiradentes. Embora fosse um precursor do movimento pela Independência, esse papel o colocava como concorrente do imperador Pedro I, protagonista do Grito do Ipiranga em 1822. Tiradentes participara de uma conspiração contra a Monarquia portuguesa. Sua sentença de morte na forca, em 1792, fora assinada por ninguém menos que a bisavó do imperador Pedro II, a rainha dona Maria I, também conhecida como "a rainha louca".

Por essas razões, Tiradentes havia passado quase um século em relativa obscuridade na história oficial brasileira. A partir de 1889, ele renasceu das cinzas na condição de herói republicano. Nos anos seguintes, sua imagem seria usada de forma habilidosa para promover o novo regime. A primeira comemoração oficial de seu martírio aconteceu no Rio de Janeiro no dia 21 de abril de 1890, cumprindo-se um decreto que transformava a data em feriado nacional junto com o Quinze de Novembro. Os artistas contribuíram para o sucesso da construção do novo mito associando a imagem de Tiradentes à de Jesus Cristo — apelo poderoso em um país de forte tradição católica. Em quadros e reproduções da época, o mártir da Inconfidência aparece de barbas e cabelos compridos, ar sereno, vestindo uma túnica branca, sob a estrutura da forca que lembra a cruz no Calvário. Desfiles comemorativos da Inconfidência remetiam à encenação da Via-Sacra, na Sexta-Feira da Paixão.

Foram curiosas as mudanças na bandeira e no hino nacionais, símbolos máximos do novo regime. Nos anos finais do Império, o antigo hino nacional brasileiro, com música de Francisco Manuel da Silva, era considerado monárquico e decadente pelos republicanos. Sua letra estava em desuso havia muito tempo. Até 1889, os adversários da Monarquia costumavam cantar em passeatas e reuniões *A Marselhesa*, marcha celebrizada pela Revolução Francesa e depois adotada oficialmente como hino nacional da França.

Em 1888, o jovem poeta e jornalista José Joaquim de Campos da Costa de Medeiros e Albuquerque publicou na revista *O Mequetrefe*, do Rio de Janeiro, a letra do que ele propunha ser o futuro Hino da República Federal Brasileira, com o seguinte estribilho:

Liberdade! Liberdade!
Abre as asas sobre nós.
Das lutas, na tempestade,
Dá que ouçamos tua voz!

Depois da Proclamação da República, o ministro do Interior, Aristides Lobo, iniciou uma campanha para que a letra de Medeiros e Albuquerque, seu amigo e correligionário, fosse adotada como novo Hino Nacional. Faltava a música. Abriu-se um concurso público para escolhê-la. Mas um acontecimento inesperado provocou uma reviravolta nessa história.

1889

O HINO E A BANDEIRA

Em 15 de janeiro de 1890, quando a República celebrava seu segundo mês de existência, a Marinha promoveu um desfile pelo centro do Rio de Janeiro. Ao final foi servido um lanche no Palácio do Itamaraty, com a presença de Deodoro, na ocasião aclamado "generalíssimo", ou seja, chefe absoluto das Forças Armadas nacionais. Como era de costume em celebrações republicanas, uma banda militar começou a tocar *A Marselhesa*. O povo, que a tudo assistia da rua, reagiu exigindo aos gritos: *O Hino Nacional! O Hino Nacional!*

Deodoro, então, ordenou que a banda executasse o velho hino dos tempos do Império. A emoção tomou conta de todos os presentes, que reconheciam naqueles acordes a lembrança de tantas vitórias épicas como a Independência, o fim da Guerra do Paraguai e a Abolição da Escravatura.

Contaminado pelo entusiasmo popular, o marechal determinou que as bandas militares percorressem o centro da cidade tocando o hino. Mesmo assim, o governo decidiu levar à frente o concurso para escolha de um novo hino, mas a voz do povo atrapalhou os planos oficiais. Na audição pública do concurso, antes que o vencedor fosse anunciado, vozes na plateia começaram a pedir novamente: *O hino antigo! O hino antigo!*

E mais uma vez Deodoro aprovou o pedido.

O teatro veio abaixo. E ali mesmo, na frente do povo, foi lavrado o decreto de número 171, que mantinha a composição de Francisco Manuel da Silva como Hino Nacional Brasileiro. A ela seria acrescentada depois uma nova letra, de autoria de Joaquim Osório Duque Estrada.

A decisão sobre a nova bandeira republicana também provocou bastante polêmica.

Idealizada pelo pintor francês Jean-Baptiste Debret, o estandarte nacional da época do Império tinha o fundo verde sobreposto por um grande losango amarelo, no centro do qual apareciam o brasão e a coroa imperiais emoldurados por ramos de café e tabaco.

Na falta de uma bandeira nacional republicana, uma imitação da bandeira dos Estados Unidos foi utilizada em algumas manifestações, e até mesmo a bordo do navio *Alagoas*, que levou a família imperial para o exílio. Isso se devia ao fascínio que a jovem e dinâmica República da América do Norte exercia sobre os brasileiros na época, refletido no próprio nome do país adotado pelo governo provisório: República dos Estados Unidos do Brasil.

Essas referências desagradavam os militares mais nacionalistas e, em especial, os adeptos do Apostolado Positivista, que defendiam que o Brasil republicano deveria adotar sua própria bandeira. Foi encomendado um novo modelo ao pintor Décio Villares. Foram mantidas as cores e o desenho da bandeira do Império, substituindo-se a coroa por um círculo azul com as estrelas que representariam o céu do Rio de Janeiro na manhã de 15 de novembro de 1889.

Foi oficializada pelo decreto de número 4, de 19 de novembro de 1889 — data hoje celebrada nas escolas como o Dia da Bandeira. "As cores da nossa antiga bandeira recordam as lutas e as vitórias gloriosas do Exército e da armada na defesa da pátria", justificava o decreto do governo provisório. "Essas cores, independentemente da forma de governo, simbolizam a perpetuidade e integridade da pátria entre as outras nações."

Mas a nova bandeira foi criticada por duas razões. A primeira foi a posição das estrelas. Um especialista consultado em Paris pelo correspondente do jornal *Gazeta de Notícias* explicou que a dimensão do Cruzeiro do Sul estava exagerada, e o eixo da constelação em relação ao polo sul invertido. Foi o que bastou para que alguns, sarcasticamente, dissessem que, tendo derrubado a Monarquia, o governo provisório queria levar a revolução aos céus e mudar a astronomia. O erro foi, de fato, comprovado mais tarde, resultando em nova versão da bandeira, utilizada até hoje.

Uma segunda polêmica envolveu a divisa "Ordem e Progresso", colocada no centro da esfera azul. O bispo do Rio de Janeiro se recusou a abençoar a nova bandeira alegando que ela continha apologia de uma seita divergente da religião católica. A expressão resumia mesmo a doutrina do francês Auguste Comte, e foi adotada como lema pelos fiéis da igreja positivista: "O amor por princípio, a ordem por base e o progresso por fim". Apesar da forte oposição, a divisa foi mantida na bandeira graças ao apoio de Benjamin Constant, um admirador de Comte.

Do lema original, eliminou-se o amor, preferindo-se reforçar a ideia de ordem e progresso, conceitos que os republicanos julgavam mais urgentes naquela nova fase da vida nacional. Apesar da ênfase na bandeira, os primeiros passos da República seriam de pouca ordem, minguado progresso — e, definitivamente, nenhum amor.

CAPÍTULO 21
O difícil começo

EM SEUS QUINZE MESES de duração — entre 15 de novembro de 1889 e 25 de fevereiro de 1891 —, o governo provisório atuou como uma fábrica de leis. Para substituir as leis feitas no interesse da Monarquia e atender às necessidades do novo regime, alguns desses decretos e leis de gabinete eram importantes, como o que determinou a separação entre a Igreja e o Estado e o que estabeleceu o casamento civil. Outros pareciam, à primeira vista, mesquinhos, mera retaliação ao regime deposto.

Havia também diversas dificuldades a ser enfrentadas. Para começar, não existiam pessoas em número suficiente, entre os republicanos, capazes de ocupar os postos-chaves da administração. Faltava experiência aos governantes, como demonstra a alta rotatividade nos governos estaduais. Somente o Rio Grande do Norte teve dez administrações nesse período. E o fenômeno se repetiu em diferentes estados.

A REPÚBLICA DOS MILITARES

Habituado à vida na caserna e desconfiado das reais intenções dos civis, que ele conhecia pouco, Deodoro preferiu de início delegar esses cargos aos seus companheiros de armas. Por essa razão, os militares dominaram por completo a cena política brasileira.

No dia 19 de dezembro, pouco mais de um mês depois da posse do governo provisório, foi decretada uma reorganização geral do Exército, aumentando o número de unidades. O objetivo principal era liberar vagas para promoções — até então uma das principais queixas contra as autoridades imperiais. As promoções também foram aceleradas mediante a transferência para a reserva de muitos oficiais veteranos. Dessa forma, abria-se caminho para a ascensão dos mais jovens. O ano de 1889 encerrou-se com aumento de 50% nos soldos militares, que atingiam o patamar mais alto em todo o decorrer do século XIX — superior até mesmo ao que se pagava durante a Guerra do Paraguai. Em janeiro de 1890, uma lista de promoções por "serviços relevantes" beneficiou quase todos os oficiais envolvidos na conspiração republicana. Hermes da Fonseca, sobrinho de Deodoro e futuro presidente da República, passou de capitão a major e tenente-coronel em menos de um ano. Até quem não tinha participado diretamente dos eventos de 15 de novembro acabou beneficiado de alguma forma. Foi o caso do tenente-coronel Jacques Ourique. Embora estivesse envolvido na conspiração, no dia da Proclamação da República Ourique acordou tarde e chegou atrasado ao centro do Rio de Janeiro, quando as tropas já confraternizavam depois da derrubada do ministério de Ouro Preto. Ainda assim, ganhou o posto de coronel, e mais tarde foi promovido a general.

No dia 25 de maio de 1890, Deodoro conferiu a todos os ministros a patente de general, em retribuição aos serviços prestados à pátria na mudança do regime. A promoção a um dos postos mais altos da hierarquia do Exército incluía os civis, como Rui Barbosa, Quintino Bocaiúva e Francisco Glicério. Embora nunca tivessem envergado uma farda na vida, os três passaram a

Barbosa, Bocaiúva e Glicério com Deodoro: todos promovidos a generais

ser tratados por, respectivamente, "general Barbosa", "general Bocaiúva" e "general Glicério", com direito a receber soldos e aposentadorias compatíveis com o posto.

Em meio ao bate-cabeça do governo provisório, o esforço de reorganização do Brasil deu um passo importante a 3 de dezembro de 1889, dezoito dias após a Proclamação da República, com a nomeação de uma comissão de cinco juristas para elaborar o projeto da nova Constituição brasileira. Caberia à futura assembleia constituinte, formada por representantes de todos os estados, aprová-lo mais tarde. O *Diário Oficial* iniciou a publicação de Constituições de diferentes países sob regime republicano, para que os constituintes pudessem estar mais bem preparados para escolher o que fosse mais conveniente ao Brasil.

Presidida por Joaquim Saldanha Marinho, veterano signatário do Manifesto de 1870 e considerado o Patriarca da República, a comissão de juristas elaborou três pareceres que, depois de fundidos e editados por Rui Barbosa, resultaram no projeto submetido à Constituinte. Deodoro, embora tivesse escassa educação jurídica, fez questão de dar diversos palpites. À margem de um artigo que previa mandato de nove anos para os senadores, anotou: "Nove anos é muito!". A Constituinte, porém, manteria a redação original. O velho marechal também achou estranha a proposta do artigo 20, pela qual os parlamentares teriam imunidade jurídica, não podendo ser presos ou processados no exercício do mandato. "O homem sério, verdadeiro e de caráter nobre não admite o disposto neste artigo", discordou. Nesse caso, prevaleceria a opinião dos constituintes, e a imunidade parlamentar seria aprovada.

Deodoro relutou ainda em aceitar o princípio de independência entre Executivo e Legislativo. Fiel à tradição imperial, na qual fora educado, achava que o chefe do governo deveria ter a prerrogativa de dissolver o Congresso sempre que julgasse necessário.

A CONSTITUINTE

Vencidos os obstáculos iniciais, a Constituinte instalou-se no dia 15 de novembro de 1890, primeiro aniversário do novo regime. Era formada por 205 membros, dos quais quarenta eram militares. No dia 24 de fevereiro de 1891, o país finalmente adotava sua nova Constituição republicana. As principais novidades eram as seguintes:

- O Brasil convertia-se em República Federativa formada por vinte estados autônomos e um distrito federal, a cidade do Rio de Janeiro, onde funcionaria a sede do governo até que se construísse uma nova capital, no planalto central do país. A União compunha-se de três poderes harmônicos e independentes: o Executivo, o Legislativo e o Judiciário. Chefe do Poder Executivo, o presidente da

República seria eleito a cada quatro anos, sem direito a reeleição. Todos os brasileiros natos, homens e maiores de 35 anos, poderiam concorrer ao posto.

- O vice-presidente da República, igualmente eleito por quatro anos, exerceria, simultaneamente, a presidência do Senado Federal. Caberia a ele substituir o presidente sempre que necessário, inclusive em caso de morte. Se a vacância ocorresse antes de completados dois anos do exercício do mandato, seria realizada nova eleição.

Justamente esse item seria o motivo da grande crise do governo Floriano Peixoto, depois da renúncia e da morte de Deodoro...

O Poder Legislativo seria exercido em duas instâncias: o Senado Federal, composto de três senadores para cada estado, e a Câmara dos Deputados, com representantes eleitos de forma proporcional ao total de habitantes.

A Constituição assegurava ainda a todos os residentes no país, brasileiros ou estrangeiros, os direitos relativos à liberdade, à segurança individual e à propriedade. Igualmente garantidos estavam os direitos de associação, de representação aos poderes públicos, de locomoção, de inviolabilidade do domicílio, de liberdade de imprensa e de tribuna, independentemente de censura prévia, e de liberdade religiosa.

As eleições seriam feitas por sufrágio universal e secreto, do qual tomariam parte todos os cidadãos do sexo masculino, maiores de 21 anos, com exceção de mendigos, analfabetos, soldados e religiosos de ordens monásticas. Durante as discussões, um deputado chegou a propor o direito de voto às mulheres, mas seus colegas reagiram escandalizados. O voto feminino no Brasil seria aprovado somente décadas mais tarde.

CAPÍTULO 22
O caboclo do Norte

DESGASTADO, BASTANTE DOENTE, SEM forças nem paciência para reagir às pressões, Deodoro da Fonseca renunciou ao mandato no dia 23 de novembro de 1891. O governo foi passado ao vice-presidente, Floriano Peixoto, alagoano e marechal como ele.

Nas semanas anteriores, o país fora tomado por enorme agitação. O ponto mais grave da crise ocorreu no dia 3 de novembro de 1891, quando o marechal, em mais uma de suas atitudes intempestivas e autoritárias, dissolvera o Congresso Nacional.

A relação entre o marechal e o Congresso havia azedado desde antes de sua eleição indireta para a Presidência da República, em 25 de fevereiro daquele ano. No dia anterior, no encerramento de seus trabalhos, a Assembleia Constituinte aprovara uma moção apresentada pelo senador Quintino Bocaiúva, declarando Benjamin Constant, falecido algumas semanas antes, o verdadeiro fundador da República brasileira e um "belo modelo de virtudes" no qual os futuros governantes deveriam se inspirar. O vaidoso Deodoro julgou a decisão inaceitável. Afinal, acreditava ser ele o pai do novo regime, enquanto todos os demais seriam meros coadjuvantes.

Três semanas antes da renúncia, Deodoro mandara publicar três decretos que, na prática, colocavam o país sob ditadura militar. Foi o chamado Golpe de Três de Novembro. O primeiro decreto dissolvia o Congresso. O segundo instaurava o estado de sítio, com a suspensão de todos os direitos individuais e políticos garantidos pela Constituição recém-aprovada. Com isso, qualquer pessoa poderia ser presa sem defesa prévia nem direito a *habeas corpus*. E, de fato, vários opositores do governo foram presos, incluindo Quintino Bocaiúva e outros republicanos civis, que na manhã de 15 de novembro estiveram ao lado de Deodoro. Forças militares cercaram os edifícios da Câmara e do Senado.

DEODORO NA BERLINDA

Uma onda de protestos levantou-se por todo o país. No Rio Grande do Sul, deflagrou-se uma crise política que logo se tornaria uma guerra civil. A Marinha, que contava com fortes simpatias monarquistas, rebelou-se sob o comando do almirante Custódio José de Mello e ameaçou bombardear a cidade, caso os decretos não fossem revogados. Foi a chamada Primeira Revolta da Armada.

O impasse durou somente algumas horas do dia 23 de novembro, e sem que nenhum tiro tivesse sido disparado.

— Assino o decreto de alforria do derradeiro escravo do Brasil — teria dito Deodoro, ao assinar sua renúncia.

Revolta da Armada

O marechal retirou-se do governo. Morreria nove meses mais tarde e seria enterrado sem uniforme nem honras militares, como era seu desejo.

Floriano Peixoto assumiu, então, a Presidência de um país que atravessava uma grave crise financeira e sofria ameaças políticas de todos os lados. Foi implacável. Entre outras medidas, semanas depois de sua posse, fechou novamente o Congresso. Mandou prender e deportar opositores. Governou o país sob estado de sítio. Passou para a história como o *Marechal de Ferro*, e também como o consolidador da República. Nunca tantos brasileiros perderiam a vida em defesa de suas paixões políticas.

FLORIANO

Magro, franzino, pálido, com os olhos esbugalhados, o rosto sem luz e sem alegria, Floriano Peixoto vestia-se em casa como um "caboclo do Norte", conforme gostava de ser chamado: calça e jaleco de brim e camisa sem goma. Nas cerimônias públicas, apresentava-se sempre fardado de forma impecável e ostentava no peito todas as medalhas conquistadas na Guerra do Paraguai.

Nascido em 30 de abril de 1839, era um militar por excelência. Foi no Paraguai que se criou o mito de que Floriano teria o "corpo fechado" — expressão usada no candomblé para definir a pessoa que é capaz de se expor ao perigo sem se ferir ou, na pior das hipóteses, morrer. Dizia-se que as balas inimigas simplesmente não o atingiam. Por diversas vezes enfrentou situações de grande risco, sujeitando-se à carga das forças paraguaias e conseguindo sair ileso de todas elas.

Já sua vida particular foi sempre obscura, cercada de mistério. O "Marechal de Ferro" tornou-se um enigma para jornalistas, historiadores, biógrafos, escritores e cronistas, pela dificuldade em decifrar seu caráter. E há quem afirme que ele ganhou projeção não por suas qualidades pessoais, mas pela ausência de alternativas.

Terminada a guerra, a carreira militar de Floriano burocratizou-se, como a de tantos outros oficiais que haviam passado pelos campos de batalha. Foi comandante de armas em Pernambuco e no Ceará, onde participou discretamente da campanha abolicionista. Em 1884, nomeado presidente e comandante de armas da província de Mato Grosso, notabilizou-se pela repressão aos bororos, na época índios arredios que, pressionados pelos fazendeiros, ameaçavam invadir a capital, Cuiabá.

Marechal de Ferro

Transferido para o Rio de Janeiro e promovido a marechal de campo nas vésperas da Proclamação da República, assumiu o posto de ajudante-general do Exército, função na qual desempenharia o seu ainda hoje controvertido e enigmático papel no golpe de 15 de novembro.

Ao contrário de Benjamin Constant e de Deodoro da Fonseca, Floriano nunca chegou a conspirar abertamente contra o governo imperial. O tempo todo se manteve em cima do muro, ora dando a entender que defenderia a Monarquia contra os revoltosos, ora sinalizando aos militares que poderiam contar com o seu apoio — ou, pelo menos, com a sua omissão —, no caso de um golpe republicano.

Existem vagas informações, não confirmadas, de que Floriano teria assinado um memorando secreto de apoio à República em 1870, um documento paralelo ao Manifesto Republicano registrado na mesma época pelos civis e mantido em segredo para que seus signatários, militares do Exército ou funcionários públicos, não sofressem represálias do governo imperial. Nunca se encontraram documentos que confirmassem a existência desse abaixo-assinado sigiloso.

Há declarações atribuídas a Floriano que dão conta de que ele confiava não na lei e nas instituições para a consolidação da República, mas na repressão. Além de ter se empenhado sempre em fortalecer seu poder pessoal. Com seu moralismo radical, regenerador e nacionalista, Floriano encarnava um mito que volta e meia retorna na história brasileira — o de salvador da pátria. Apresentava-se como guerreiro forte, austero e solitário, que, imbuído de bons propósitos, conseguia resgatar a pátria de suas mais profundas atribulações. Isso talvez explique a surpreendente popularidade que alcançou ao final da vida, apesar de seu notório desprezo pela opinião pública.

PEGANDO O BONDE

Ao suceder a Deodoro, Floriano recusou a residência oficial e continuou a morar na mesma casa modesta de subúrbio, onde viveria até morrer. Durante os momentos mais tensos de seu governo, saía escondido pelos fundos do Palácio do Itamaraty, às duas horas da madrugada, de maneira a burlar a segurança encarregada de proteger sua vida, e, sozinho, tomava o bonde para voltar para casa. Pagava a passagem do próprio bolso.

Minucioso e detalhista à frente do governo, gostava de receber cartas anônimas com denúncias e mexericos às vezes contra os próprios aliados. Ministros foram nomeados e demitidos somente pelas revelações dessas cartas. Floriano tinha enorme desprezo pelos rituais do cargo. Durante todo o seu governo, recebeu uma única vez o corpo diplomático — representantes de países estrangeiros. A cerimônia, rápida e sem discursos, aconteceu em 5 de dezembro de 1891, por coincidência o dia da morte do imperador Pedro II em Paris. Já o embaixador dos Estados Unidos, Thomas L. Thompson, teve de esperar seis meses por uma audiência para a entrega de suas credenciais, condição essencial para o início de seu trabalho.

Mas a questão mais importante levantada contra Floriano, e motivo de grande parte da oposição a ele, dizia respeito à legitimidade de seu governo.

O artigo 42 da nova Constituição republicana previa que "...no caso de vaga, por qualquer causa, da presidência ou vice-presidência não houverem ainda decorridos dois anos do período presidencial, proceder-se-á a nova eleição". Deodoro renunciara ainda no primeiro ano de seu mandato. Caberia a Floriano, então, convocar novas eleições de imediato.

O marechal ignorou desdenhosamente a Constituição e se manteve firme no cargo por mais três anos. Alegava que a exigência de convocação de eleições só se aplicaria a presidentes eleitos diretamente pelo povo. Como Deodoro havia sido eleito pelo Congresso, de forma indireta, seu governo constituiria uma exceção. Por precaução, usou sempre, até o último dia do mandato, o título de vice-presidente.

Em 31 de março de 1892, treze comandantes das Forças Armadas assinaram um documento no qual exigiam a convocação imediata das eleições. Acusavam Floriano de desobedecer à Constituição. Entre os signatários estavam o almirante Eduardo Wandenkolk, ministro da Marinha do primeiro governo provisório, e o general João Severiano da Fonseca, irmão de Deodoro. Na mesma noite, Floriano demitiu todos os generais de suas funções e mandou reformá-los.

Inconformados, intelectuais do Rio de Janeiro decidiram promover uma "passeata cívica" em homenagem a Deodoro da Fonseca. O proclamador da República, àquela altura gravemente enfermo e às vésperas da morte, ainda era visto como a esperança dos opositores de Floriano. Ao tomar conhecimento da passeata, o "Marechal de Ferro" saiu de casa nos subúrbios, desceu do bonde no centro da cidade e pessoalmente deu voz de prisão aos manifestantes, entre os quais se encontravam alguns dos generais reformados.

A seguir, decretou estado de sítio por 72 horas. No dia seguinte, vários opositores seriam presos e deportados para os confins da Amazônia. Entre eles estaria Rui Barbosa, que acabou se exilando na Inglaterra. Diante de tanta repressão, o veterano Saldanha Marinho pronunciou uma frase que ficaria famosa:

— Não era essa a República dos meus sonhos!

O pior ainda estava por vir.

CAPÍTULO 23
Paixão e morte

NO FINAL DE NOVEMBRO de 1893, uma notícia publicada pelo diário argentino *La Prensa* chamou a atenção do escritor americano Ambrose Bierce, correspondente em Buenos Aires do jornal *Tribune*, de Nova York. O artigo dizia que na semana anterior setecentas pessoas haviam sido degoladas depois de um confronto na localidade de Rio Negro, a cerca de vinte quilômetros da cidade gaúcha de Bagé.

Bierce seguiu às pressas para o Rio Grande do Sul. Ao chegar a Rio Negro deparou-se com uma cena de horror. Na porteira do curral de uma fazenda de gado, havia lama ressequida empapada de sangue humano. Uma lagoa vizinha exalava um insuportável odor de carniça, supostamente de carne humana em decomposição. Bandos de urubus sobrevoavam o local. Ao entrevistar as pessoas, Bierce não conseguiu apurar o número exato de mortos, mas falava-se em centenas.

Na reportagem que escreveu, relatou que ele próprio havia contado duas dezenas de cadáveres de homens degolados e duas mulheres mortas a tiros. Segundo Bierce apurou, a matança começara pouco depois do meio-dia e prosseguira toda a noite, até a manhã seguinte. Trancafiadas no curral, sob a mira de armas de fogo, as vítimas eram chamadas a se dirigir, uma a uma, até a porteira do curral. Ao chegar ali, recebiam um golpe certeiro de facão na garganta, à maneira como na época se costumava sangrar animais nos corredores de um matadouro.

DEGOLA EM MASSA

A carnificina ocorreu durante a chamada Revolução Federalista de 1893, no Rio Grande do Sul. Estima-se que entre 10 mil e 12 mil pessoas perderam a vida — incluindo cerca de 2 mil vítimas de degolas coletivas. De um lado estavam os republicanos fiéis ao presidente Floriano Peixoto e ao governador Júlio de Castilhos, conhecidos como legalistas ou pica-paus por causa da cor do uniforme que usavam. De outro, os rebeldes federalistas, chamados de maragatos, sob a chefia política de Gaspar Silveira

Martins, recém-retornado do exílio, e o comando militar do caudilho uruguaio Gumercindo Saraiva.

Maragato era o nome que se dava no Uruguai aos descendentes de imigrantes oriundos da localidade de Maragataria, situada na província de León, na Espanha. Haviam trazido para a região do rio da Prata no começo do século XIX o uso da bombacha — calças muito largas, apertadas acima do tornozelo —, que ainda hoje serve para identificar a indumentária tradicional do gaúcho. Eram um povo rústico, combatiam a cavalo e eram hábeis no uso da lança, da espada e do facão. Foram os responsáveis pelo massacre de rio Negro.

Semanas mais tarde, em abril de 1894, os pica-paus se vingariam, promovendo sua própria degola geral na localidade de Boi Preto, perto de Palmeira das Missões, onde foram mortos de modo semelhante 370 maragatos.

As degolas da Revolução Federalista são um exemplo eloquente do clima de ódio que se instalou no Brasil nos anos seguintes à Proclamação da República, em especial no período entre a ascensão de Floriano Peixoto, em novembro de 1891, e a posse do segundo presidente civil, Campos Salles, sete anos mais tarde. Massacres, fuzilamentos, prisões e exílios forçados foram o preço que o novo regime pagou pela própria consolidação.

São fatos que os livros oficiais da história do Brasil ainda hoje relutam em descrever em toda a sua crueza. Um desses episódios ocorreu em 16 de abril de 1894. O coronel Moreira César, florianista e positivista fanático, promoveu um banho de sangue na cidade de Desterro, capital de Santa Catarina, ao fuzilar sumariamente 185 revoltosos. O país só tomou conhecimento do massacre depois da posse de Prudente de Morais, primeiro presidente civil, em novembro daquele ano. Para humilhação dos catarinenses, a capital seria rebatizada com o nome de Florianópolis, em homenagem ao patrocinador da carnificina. Até hoje, muitos de seus moradores defendem o retorno ao nome original.

Durante todo o século XIX, os gaúchos tinham vivido sob conflito permanente, e a consequência disso é que houve milhares de mortos. Como resultado das sucessivas matanças, calcula-se que, em 1889, havia duas mulheres para cada homem no Rio Grande do Sul. A população masculina havia sido devastada pelas guerras regionais. Ali havia homens poderosos que representavam quase todas as disputas políticas nacionais. Assis Brasil era liberal. Pinheiro Machado, conservador. Castilhos, positivista e autoritário. Tinham como adversário comum o também advogado e pecuarista Gaspar Silveira Martins, monarquista convicto. O confronto dessas forças, no momento de implantar o novo regime, jogou o Rio Grande do Sul mais uma vez em um turbilhão político. Em apenas dois anos, entre 15 de novembro de 1889, data da Proclamação da República no Rio de Janeiro, e 12 de novembro de 1891, dia da deposição de Júlio de Castilhos, seu primeiro mandatário eleito, o Rio Grande do Sul teve dezoito governadores, média de um a cada quarenta dias.

GUERRA NO SUL

Chefe dos republicanos históricos, Júlio de Castilhos nasceu em 1860 e cresceu em uma estância no interior gaúcho. Era gago e tinha de fazer um esforço penoso para articular as palavras. Curiosamente, quando discursava do alto de uma tribuna, a gaguez desaparecia por completo, transformando-o em orador fluente. Depois de formar-se em São Paulo como advogado, retornou ao Rio Grande do Sul. Junto a Venâncio Aires, à frente do jornal *A Federação*, fundado em 1884, voltou suas baterias contra o Império, contra a escravidão e contra Gaspar Silveira Martins.

Alto, corpulento, de barriga roliça e barba branca, Silveira Martins era um orador inflamado, cujos discursos, com voz de trovão e gestos largos, magnetizavam as plateias. Apaixonado por livros, recitava de memória trechos de Edgar Allan Poe, Shakespeare, Baudelaire, Renan e Victor Hugo — o que o tornava uma excentricidade em um país no qual mais de 80% dos habitantes eram analfabetos. Nos anos finais da Monarquia, ganhara fama de antiabolicionista ao declarar: "Amo mais minha pátria do que o negro". Não poderia saber que, ao ser chamado por dom Pedro II para formar o ministério, faria Deodoro se decidir pela Proclamação da República, que tanto combatera.

Júlio de Castilhos

Depois do Quinze de Novembro, foi exilado na Europa. Ao retornar, o poder no Rio Grande do Sul fora entregue ao grupo político comandado por Júlio de Castilhos.

Castilhos acreditava que, para se consolidar, a República precisava antes passar por uma fase ditatorial. Suas propostas estavam alinhadas a esse objetivo, de centralização do poder na figura do ditador republicano. Na Constituinte nacional, essas ideias não vingaram, mas ele as transformaria em lei, a ferro e fogo, na redação da nova Constituição estadual gaúcha meses mais tarde. Escreveu o anteprojeto praticamente sozinho, ignorando por completo as sugestões de outros juristas da comissão nomeada com esse fim. O texto seria aprovado de forma esmagadora pela Assembleia Constituinte estadual controlada pelo próprio Castilhos.

Como uma das principais novidades, a Constituição republicana gaúcha previa que as leis não seriam elaboradas pelo Parlamento, mas pelo chefe do Poder Executivo. A concentração de poder nas mãos do governador, na prática, o transformava num ditador.

A Constituição positivista de Júlio de Castilhos e sua rivalidade visceral com Silveira Martins, somadas às dificuldades iniciais da República brasileira, serviriam de combustível para a sangrenta Revolução Federalista, que por dois anos iria dilacerar o Rio Grande do Sul.

Castilhos, como seria de esperar, foi eleito governador constitucional do Rio Grande do Sul em julho de 1891, mesmo mês em que a sua Constituição pessoal era aprovada pela assembleia estadual. Em novembro, apoiou o golpe de Deodoro, que fechou o Congresso. Como resultado, acabou deposto em uma rebelião autodenominada de "popular" e substituído por uma junta de governo, logo apelidada pelos gaúchos de *governicho*. Envenenada pelas próprias rivalidades, a junta durou pouco tempo. Seguiu-se um período tumultuado, que virou uma guerra entre as diferentes facções.

Floriano acabou convencido de que o levante não era somente uma guerra dos gaúchos, mas uma tentativa de restauração da Monarquia, chefiada por Silveira Martins.

SEGUNDA REVOLTA DA ARMADA

Enquanto isso, no Rio de Janeiro, eclodia a Segunda Revolta da Armada. Deflagrada no dia 6 de setembro pelo mesmo almirante Custódio José de Mello, que chefiara a primeira revolta, em novembro de 1891, forçando a renúncia de Deodoro, o episódio reforçou a tese de conspiração monarquista e deu dimensões nacionais à guerra no Sul.

Protegido a bordo do encouraçado *Aquidabã*, o almirante declarou-se em guerra contra Floriano e determinou que os navios ancorados no Rio de Janeiro apontassem seus canhões para a cidade. Ameaçava disparar caso o marechal não convocasse novas eleições para a Presidência da República.

Ao mesmo tempo, dois cruzadores de guerra tomaram Desterro, a capital de Santa Catarina, recebendo apoio do governador e dos deputados estaduais. Em Buenos Aires, o almirante Eduardo Wandenkolk, que havia sido o primeiro ministro da Marinha na República, tomou de assalto o navio *Júpiter*, carregado de armas e munições destinadas ao Rio de Janeiro, desviando-o para o Rio Grande do Sul. No dia 7 de dezembro, também o almirante Saldanha da Gama, veterano e respeitado oficial da Marinha Imperial, aderiu à revolta divulgando um manifesto no qual deixava claro o seu desejo de restaurar a Monarquia.

O Rio de Janeiro foi tomado de terror com a ameaça de bombardeio. A população em pânico não sabia onde, nem como, se proteger. Lojas fecharam. A cidade ficou paralisada.

Floriano, uma vez mais, mostrou-se disposto a tudo para esmagar os adversários, enquanto partidários do marechal organizaram os chamados batalhões patrióticos, milícias compostas de voluntários civis e militares dispostos a defender a jovem República brasileira.

O marechal venceu a Segunda Revolta da Armada pelo cansaço. Nos seis meses em que durou o impasse, os navios rebelados limitaram-se a disparar um único tiro, que atingiu a torre da igreja da Candelária, sem produzir maiores estragos. No Sul, Wandenkolk tentou em vão tomar a cidade gaúcha de Rio Gran-

Segunda Revolta da Armada

de, mas foi repelido pelas tropas federais. Um planejado encontro com as forças de Gumercindo Saraiva também fracassou, obrigando o almirante a se render às forças de Floriano, vitoriosas em Santa Catarina.

No Rio de Janeiro, Custódio de Mello e seus oficiais refugiaram-se a bordo de navios portugueses. Floriano deixou-os partir mediante a promessa de que só seriam desembarcados em Portugal. Os navios, no entanto, saíram do porto do Rio de Janeiro e tomaram o rumo da bacia do Prata, onde os rebeldes da Marinha se juntaram aos combatentes da Revolução Federalista.

Indignado, Floriano rompeu relações com Portugal e passou a usar o ressentimento contra os estrangeiros, especialmente os oriundos da antiga metrópole, para arrebanhar apoio interno. Portugueses foram espancados nas ruas do Rio de Janeiro. Suas lojas, depredadas e incendiadas. Para evitar retaliações, alguns comerciantes mandaram afixar na fachada de suas lojas placas com os dizeres "Somos amigos do Brasil" ou "Casa florianista".

E NO RIO GRANDE...

Enquanto isso, Gumercindo Saraiva empreendia uma épica marcha de 2.500 quilômetros com idas e vindas entre Rio Grande do Sul, Santa Catarina e Paraná, na qual travou cinco grandes batalhas e setenta combates menores contra as tropas federais e os pica-paus de Júlio de Castilhos. A mais decisiva foi o chamado Cerco da Lapa. Durante 26 dias, essa pequena e bela cidade de arquitetura colonial situada 72 quilômetros ao sul de Curitiba resistiu ao cerco das forças de Gumercindo, que tentavam avançar rumo a São Paulo e ao Rio de Janeiro. Os soldados legalistas estavam sob o comando do coronel Antônio Ernesto Gomes Carneiro, veterano da Guerra do Paraguai que, antes, na capital da República, recebera de Floriano Peixoto uma ordem curta e incisiva: *Resistir até o último homem.*

E foi isso que o bravo Gomes Carneiro fez até ser alvejado no dia 7 de fevereiro, morrendo dois dias depois. A heroica resistência da Lapa deu a Floriano Peixoto tempo suficiente para reorganizar suas forças e deter o avanço federalista. Morto Gomes Carneiro, Gumercindo Saraiva pôde, enfim, avançar para o norte, mas o tempo perdido no cerco à pequena cidade paranaense anulou suas chances.

Depois de outros insucessos, empreendeu uma longa e penosa retirada de volta ao território gaúcho. Foi morto em 10 de agosto de 1894 em um local chamado Carovi, município de Santiago do Boqueirão, atingido pela bala de um franco-atirador. Sepultado em uma cova rasa, Gumercindo teve o seu cadáver profanado três vezes por diferentes chefes pica-paus, todos interessados em se assegurar de que o caudilho estava mesmo morto. Na última delas, segundo um relato nunca comprovado, a cabeça do caudilho teria sido decepada a golpes de facão e levada ao Palácio do Governo em Porto Alegre, onde Júlio de Castilhos pôde, enfim, certificar-se pessoalmente do fim de seu mais temido adversário.

Em 23 de agosto de 1895, um armistício colocou fim à Revolução Federalista gaúcha. Um mês depois, todos os envolvidos foram anistiados pelo governo federal.

CAPÍTULO 24
O desafio

NO DIA 2 DE novembro de 1894, o paulista Prudente José de Morais e Barros, primeiro presidente civil da República, chegou ao Rio de Janeiro para tomar posse. Estava sozinho e, ao descer do trem que o transportara de São Paulo, ninguém apareceu para acompanhá-lo.

Da estação, foi para o Hotel dos Estrangeiros. Também ali não encontrou ninguém para recebê-lo. Na manhã seguinte, ainda sozinho no hotel, despachou um telegrama ao marechal Floriano Peixoto, no qual pedia uma audiência para tratar da transmissão de cargo. A resposta veio dias depois. Floriano avisou que marcaria o encontro quando tivesse agenda livre. A audiência jamais aconteceu.

Na data da posse, 15 de novembro, aniversário da República, Prudente de Morais vestiu-se de acordo com o protocolo e aguardou que fossem buscá-lo no hotel.

Ninguém apareceu.

O PALÁCIO ABANDONADO

Depois de muita espera, decidiu tomar um carro de aluguel. Acabou arranjando um na rua, em mau estado e com um cocheiro ainda em piores condições. Mas foi nesse veículo que o novo presidente chegou ao Palácio do Conde dos Arcos, no centro da cidade, quando então, finalmente, surgiu alguém do mundo oficial para recebê-lo. Era Cassiano do Nascimento, secretário de Floriano, que fez um pequeno discurso dizendo que, em nome do marechal, transmitia o cargo ao novo governante. Em seguida, despediu-se. Para voltar ao hotel, como não houvesse carro oficial à sua disposição, o presidente pegou carona com o embaixador da Inglaterra.

Foi nesse clima de má vontade e fim de festa que a República brasileira passou pela primeira vez das mãos dos militares aos civis. Floriano Peixoto, obviamente, não apoiou a eleição do sucessor. E nem sequer se deu ao trabalho de lhe passar uma estrutura administrativa mínima. Ao chegar para o primeiro dia de trabalho, na manhã seguinte, Prudente de Morais encontrou um palácio abandonado, sem ao menos uma escrivaninha ou uma cadeira onde pudesse se sentar. Os poucos armários restantes estavam com as gavetas vazias. O encosto das poltronas havia sido rasgado a pontaços de baionetas. Na sala dos fundos, que dava para o jardim, localizou um caixão de madeira aberto, no qual estavam depositados jornais velhos, papéis rasgados e garrafas vazias de cerveja. A cena da posse era uma antecipação das dificuldades que aguardavam o novo presidente.

Tudo indicava o caminho do fracasso. A guerra civil ainda em andamento no Sul mantinha vivo um medo antigo, o da fragmentação territorial, previsto aqui e lá fora, inclusive na imprensa. O caos dos primeiros anos da República fez crescer em meio à elite civil a constatação de que era preciso afastar os militares da política o mais rapidamente possível.

Em junho de 1893, com o país ainda às voltas com a Revolução Federalista e a Revolta da Armada, havia sido fundado no Rio de Janeiro, sob a liderança do paulista Francisco Glicério, o

Partido Republicano Federal, resultante da fusão do Partido Republicano Paulista com clubes republicanos estaduais. A data marca o início do esforço para colocar ordem na República sob a liderança civil.

O programa do novo partido defendia a volta aos princípios consagrados na Constituição de 1891, com ênfase nas liberdades individuais e na autonomia dos estados. Na ocasião decidiu-se lançar o nome de Prudente de Morais como candidato à Presidência. Floriano Peixoto teve de se curvar à vontade do PRF porque, sem o apoio dos paulistas, dificilmente conseguiria vencer os gaúchos federalistas de Silveira Martins e Gumercindo Saraiva, que, àquela altura, ainda ameaçavam marchar para o Rio de Janeiro.

Em uma população de 15 milhões de habitantes, Prudente de Morais foi eleito com 276.583 votos contra 38.291 de seu principal adversário, o mineiro Afonso Pena. Ou seja, apenas 2% dos brasileiros participaram da escolha do primeiro presidente civil da República. O PRF conquistou ainda a totalidade das cadeiras da Câmara dos Deputados e um terço do Senado, cuja presidência ficou com um representante do partido.

A vitória de Prudente de Morais foi confirmada em 1º de março de 1894, mas poucos apostavam que ele assumiria o cargo. Nos meses anteriores, entre o lançamento da candidatura e a eleição, Floriano conseguira, finalmente, subjugar a Revolta da Armada e a Revolução Federalista. Estava no auge de seu poder, apontado como o herói que havia impedido o esfacelamento do país e da República.

Na véspera da posse, os moradores do Rio de Janeiro estavam alarmados com os boatos de que ele não entregaria o cargo ao sucessor. Para surpresa de todos, o enigma de Floriano se manifestaria novamente. A posse de Prudente de Morais ocorreu em clima de tranquilidade, sem nenhuma reação.

No último dia de seu mandato, o marechal, como fizera tantas vezes, tomou um bonde, e, tão sozinho quanto o sucessor, rumou para sua modesta casa de subúrbio. Dali para a frente, viveria afastado da vida pública.

MORRE O MARECHAL DE FERRO

Floriano Peixoto morreu no dia 29 de junho de 1895. A morte foi chorada por multidões, que tomaram ruas e praças de todo o país tão logo a informação se espalhou. Os jornais que traziam a notícia se esgotaram rapidamente no Rio de Janeiro. Lojas e repartições públicas fecharam as portas em sinal de luto. Bandeiras foram hasteadas a meio pau. As cerimônias fúnebres duraram vários dias. O cortejo que levou o corpo até a igreja de Santa Cruz dos Militares foi acompanhado por milhares de pessoas. A certa altura, o carro fúnebre se desatrelou dos animais que o puxavam e o povo se encarregou de conduzir o caixão até o túmulo, no cemitério de Botafogo.

Ao tomar posse, o primeiro desafio de Prudente de Morais foi a desmilitarização do país. As medidas incluíam a demissão de funcionários contratados irregularmente, a exoneração de oficiais que ocupavam cargos civis, a transferência de outros para guarnições fora da capital e um veto ao aumento dos quadros do Exército projetado no final do governo anterior. Por fim, em uma tentativa de pacificar o Brasil, anistiou os rebeldes da Revolução Federalista e da Revolta da Armada. Claro que houve reações dos florianistas radicais, conhecidos como *jacobinos*.

Em julho de 1895, a ilha da Trindade, situada a aproximadamente 1.200 quilômetros do litoral do Espírito Santo, foi ocupada pela Inglaterra, com a desculpa de ali instalar uma estação telegráfica. A França também fez algumas incursões abaixo do rio Oiapoque, invadindo o Amapá a partir da Guiana Francesa. Alguns povoados próximos da fronteira foram atacados e incendiados. Os radicais florianistas queriam reação militar. Mas Prudente preferiu o arbitramento internacional, e obteve pareceres favoráveis.

CANUDOS

Enquanto isso, outro drama desenrolava-se no sertão da Bahia — o sacrifício épico da vila de Canudos. Três expedições do Exército seriam derrotadas por jagunços mal armados, uma delas comandada pelo coronel Moreira César, tido como possível sucessor de Floriano num governo ditatorial militar. Os habitantes de Canudos, liderados por Antônio Conselheiro, acusados absurdamente de estarem tentando restaurar a Monarquia — quando, distantes da política da capital, pensavam somente em defender a pouca terra que tinham ali —, seriam exterminados, até o último homem, mulher, velho e criança. No total, foram 25 mil vítimas. A história do conflito seria narrada em *Os sertões*, um magnífico clássico de nossa literatura, escrito por Euclides da Cunha, enviado à frente de batalha por *O Estado de S. Paulo* como correspondente de guerra.

O que mudou a sorte de Prudente de Morais foi um acontecimento dramático, no qual o presidente quase perdeu a vida. No dia 5 de novembro de 1897, iria recepcionar dois batalhões do Exército que retornavam de Canudos. Dos 12 mil soldados que lutaram no cerco aos jagunços de Antônio Conselheiro, 5 mil haviam morrido. O desembarque se daria no Arsenal de Guerra, prédio no centro do Rio de Janeiro que hoje abriga o Museu Histórico Nacional. Quando o presidente atravessou o pátio, sobre ele saltou Marcelino Bispo, um anspeçada (posto inferior ao de cabo, hoje inexistente na hierarquia do Exército), que tentou matá-lo a facadas.

Prudente foi salvo pela ação do ministro da Guerra, marechal Carlos Machado Bittencourt, que, ao se interpor entre ele e o assassino, recebeu os golpes fatais, morrendo em seguida. O inquérito instaurado depois da morte de Bittencourt revelou um vasto complô contra o primeiro presidente civil. Além de Marcelino Bispo, 22 pessoas seriam responsabilizadas pelo atentado, incluindo ninguém menos que o vice-presidente da República, o baiano Manuel Vitorino Pereira, e o chefe republicano paulista Francisco Glicério. Descobriu-se também que a tentativa de assassinato não fora a primeira. Nas anteriores, Prudente escapara de forma milagrosa sem saber o risco que correra.

Atentado a Prudente de Morais:
mudou a sorte do presidente

A conspiração se estendia por vários estados. Ao tomar conhecimento das notícias, a população se voltou a favor do presidente. Três jornais ligados aos radicais — *República*, *Folha da Tarde* e *O Jacobino* — foram atacados pela multidão. O Clube Militar, apontado como foco radical, foi fechado. Uma vez mais o Congresso Nacional autorizou o presidente a governar sob estado de sítio, mediante a suspensão de algumas garantias constitucionais.

Prudente de Morais teve a tranquilidade necessária para concluir seu governo livre das conspirações, realizar as eleições de 1898 e transferir o poder para o seu conterrâneo Campos Salles, o segundo civil na Presidência da República. Entre outras dificuldades, Campos Salles pegou o Brasil sem dinheiro para honrar seus compromissos internacionais. O governo se viu forçado a renegociar suas dívidas, suspendendo os pagamentos por onze anos, até 1911. Na prática, era a moratória, que fechava o acesso do país a novos empréstimos no exterior.

Em 1900, a situação econômica era tão alarmante que metade dos bancos foi à falência. Na cerimônia de posse, Campos Salles anunciou uma "política nacional de tolerância e concórdia". Tratava-se de uma vasta aliança entre o governo central e os chefes políticos regionais, que, em troca do apoio ao presidente, tinham total liberdade para mandar em seus domínios de acordo com os seus interesses. Começava ali a chamada "política dos governadores", que dominaria a República Velha brasileira até a Revolução de 1930.

As oligarquias se perpetuariam em todo o país, valendo-se da força, na perseguição aos opositores, e da fraude eleitoral. No fundo, o novo sistema era muito semelhante ao dos velhos tempos da Monarquia. Em vez de um imperador vitalício, governava o país um presidente da República eleito ou reeleito a cada quatro anos, sempre representando as elites. No lugar da antiga aristocracia escravagista do açúcar e do café, figuravam os grandes fazendeiros do oeste paulista e de Minas Gerais. Onde antes havia barões e viscondes, entravam os caciques políticos locais, muitos deles, curiosamente, antigos coronéis da Guarda Nacional, dando origem à expressão "coronelismo".

O pacto não escrito entre o presidente e os governadores, representantes dessas oligarquias, assegurava ao governo maioria no Congresso. O sistema eleitoral era tão fraudulento quanto antes. A justiça era executada à revelia da lei, de acordo com a vontade desses chefetes regionais. O antigo sistema de toma lá dá cá, inaugurado por dom João VI na chegada da corte ao Brasil mediante a troca de privilégios nos negócios públicos por apoio ao governo, manteve-se inabalável.

Na prática, a República brasileira, para se viabilizar, teve de vestir a máscara da Monarquia.

NASCE UMA NOVA REPÚBLICA

Até aqui, essa foi, em alguns aspectos, uma história bastante triste e polêmica, não é mesmo? A forma como a República foi proclamada e se implantou no Brasil parece dar razões a pessimismo entre os brasileiros.

E hoje, alguma coisa mudou? O Brasil continua a ter uma República mal-entendida e mal-amada?

Como todos sabemos, o Brasil é um país com enormes problemas, mas nem tudo está perdido. Na verdade, muita coisa tem mudado nos últimos anos, incluindo a nossa sofrida e tumultuada história republicana.

Uma mudança importante aconteceu em 1984. Naquele ano, ruas e praças de todo o Brasil foram palco de coloridas, emocionadas e pacíficas manifestações políticas, nas quais milhões de pessoas exigiam o direito de eleger presidente da República, governadores, prefeitos e outros representantes. Pode-se dizer que ali ocorreu uma segunda Proclamação da República brasileira. A Campanha das Diretas Já, que marcou o fim de duas décadas de regime militar, abriu o caminho para que a República pudesse, finalmente, incorporar o povo na construção de seu futuro. Desde então, o Brasil vive uma experiência inédita na sua história: são três décadas de democracia, sem golpes de Estado ou rupturas. É a primeira vez, em mais de quinhentos anos, em que todos os brasileiros estão sendo chamados a participar, coletivamente, da construção do futuro.

República e democracia, como se sabe, exigem a participação de todos na construção de um Brasil melhor. E o instrumento dessa transformação é o voto. Como vimos nos capítulos deste livro, muitas gerações de brasileiros lutaram — alguns foram presos, censurados, exilados e até morreram — para que tivéssemos o direito de votar e escolher os nossos representantes no governo. É preciso, portanto, que os nossos sonhos de um país mais justo, mais honesto e mais digno de todos os brasileiros sejam transformados em voto consciente a cada nova eleição.

É desse desafio que os brasileiros se encarregam atualmente.

Agradecimentos

DIVERSAS PESSOAS E INSTITUIÇÕES contribuíram para que este livro existisse. Sou grato aos professores Thomas Cohen e Maria Angela Leal, respectivamente diretor e curadora da Biblioteca Oliveira Lima da Universidade Católica da América, em Washington, pelo acesso à preciosa coleção de livros e documentos sobre o tema ali guardada. Igualmente decisivos na fase de pesquisa da obra foram a gentileza e a eficiência dos funcionários da Biblioteca do Congresso Americano, também em Washington, e da biblioteca central da Universidade Estadual da Pensilvânia, a Penn State, em University Park, nos Estados Unidos, onde morei e estudei durante todo o ano de 2012. No Rio de Janeiro, tive a orientação e a generosa acolhida de sempre da professora Vera Bottrel Tostes, diretora do Museu Histórico Nacional, e do almirante Armando de Senna Bittencourt, diretor do Patrimônio Histórico e Cultural da Marinha. Fundamentais foram as sugestões bibliográficas oferecidas pelo embaixador Vasco Mariz e pelo historiador Carlos Tasso de Saxe-Coburgo e Bragança, ambos membros do Instituto Histórico e Geográfico Brasileiro (IHGB). Na visita ao Museu da República, fui recebido pela diretora, Magaly Cabral, e pelos historiadores Elisabeth Abel e

Marcos Rodrigues. No Museu Casa de Benjamin Constant, tive como guia o historiador Marcos Felipe de Brum Lopes. Em Juiz de Fora, Douglas Fasolato e sua equipe tiveram a gentileza de me abrir as portas do Museu Mariano Procópio, que se encontrava fechado ao público devido ao projeto de reforma do prédio e restauração do acervo. Na pesquisa iconográfica realizada no Museu Imperial de Petrópolis, contei com o apoio de Thais C. Martins, Neibe M. da Costa e Ana Luísa Camargo. A jornalista Camila Ramos Gomes, minha filha, organizou a coleta de reportagens, ensaios, estudos acadêmicos, números e séries estatísticas entre os anos finais do Império e o início da República. Graças ao empenho do advogado Eduardo Rocha Virmond, então presidente da Academia Paranaense de Letras, tive acesso, em primeira mão, à surpreendente Biblioteca Norton Macedo, recentemente entregue aos cuidados da instituição, onde garimpei fontes raramente disponíveis em outros acervos. Milena da Silveira Pereira, doutora em História e Cultura Social e professora da Universidade Estadual Paulista "Júlio de Mesquita Filho", Unesp, Campus de Franca, responsabilizou-se pela meticulosa revisão técnica do texto final, que também teve importante contribuição do professor Jonas Soares de Souza, ex-diretor do Museu Republicano de Itu. Agradeço também a Simone Costa pelo trabalho de checagem final. Devo, por fim, um agradecimento especial a Marcos Strecker, Aida Veiga e Elisa Martins, respectivamente diretor editorial, editora e editora assistente da Globo Livros, pelo gentil e cuidadoso trabalho de edição e revisão dos originais, sem o qual a consistência e a credibilidade desta obra correriam grandes riscos.

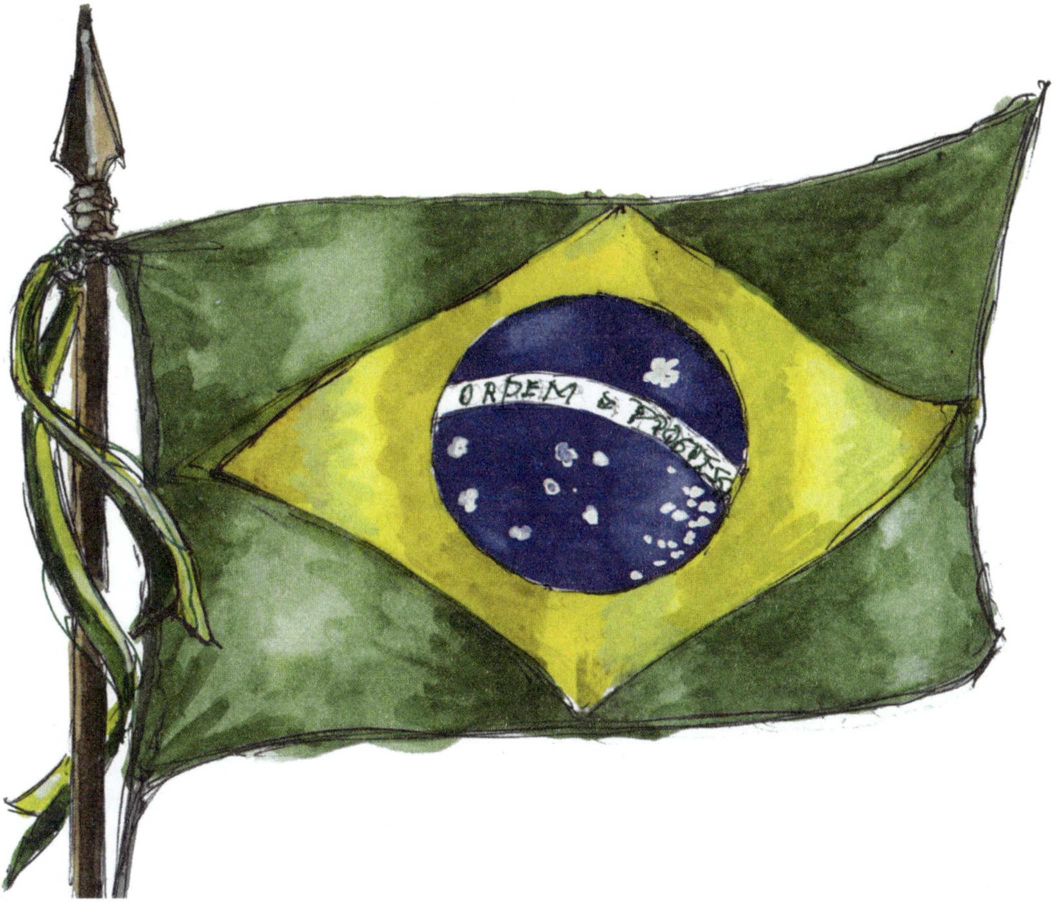
ORDEM

Este livro, composto na fonte Mercury Text,
foi impresso em papel offset 90 g/m², na gráfica Lis.
São Paulo, fevereiro de 2017.